Taschenbücher für die Wirtschaft
Band 71

# Vorgesetzten-Feedback

**Rückmeldung zum Führungsverhalten
Grundlagen und Anleitung für die Praxis**

von

Prof. Dr. Ralf D. Brinkmann

Korb

mit 16 Abbildungen

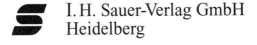 I. H. Sauer-Verlag GmbH
Heidelberg

**Die Deutsche Bibliothek – CIP-Einheitsaufnahme**

**Brinkmann, Ralf D.:**
Vorgesetzten-Feedback : Rückmeldung zum Führungsverhalten ; Grundlagen und Anleitung für die Praxis / von Ralf D. Brinkmann. – Heidelberg : Sauer, 1998

(Taschenbücher für die Wirtschaft ; Bd. 71)
ISBN 3-7938-7198-3

---

ISBN 3-7938-7198-3

© 1998 I. H. Sauer-Verlag GmbH, Heidelberg

Das Werk einschließlich aller seiner Teile ist urheberrechtlich geschützt. Jede Verwertung außerhalb der engen Grenzen des Urheberrechtsgesetzes ist ohne Zustimmung des Verlages unzulässig und strafbar. Das gilt insbesondere für Vervielfältigungen, Bearbeitungen, Übersetzungen, Mikroverfilmungen und die Einspeicherung und Verarbeitung in elektronischen Systemen.

Datenkonvertierung: ProSatz Unger, 69469 Weinheim

Druck und Verarbeitung: Wilhelm & Adam, Werbe- und Verlagsdruck GmbH, 63150 Heusenstamm

Umschlagentwurf: Horst König, 67067 Ludwigshafen

⊚ Gedruckt auf säurefreiem, alterungsbeständigem Papier, hergestellt aus chlorfrei gebleichtem Zellstoff (TCF-Norm)

Printed in Germany

> Ich glaube, daß die meisten Menschen besser von anderen gekannt werden, als sie sich selbst kennen.
>
> Lichtenberg

# Vorwort

Immer mehr Firmen versuchen, ein partnerschaftliches Verständnis der Vorgesetztenrolle in ihren Organisationen zu erreichen. Dienstleistungsorientierung und Qualität wird nicht mehr nur für die Kunden des Unternehmens gefordert, sondern auch im Umgang mit den Mitarbeitern – den internen Kunden. Führen wird damit ein Stück weit Dienstleistung für den „Kunden" Mitarbeiter. Diese Neuorientierung im Führungsverständnis wird vor allem durch den schnellen technologischen Wandel und Innovationsdruck ausgelöst, der eine steigende Qualifikation und Spezialisierung der Mitarbeiter zur Folge hat. Vieles kann von Führungskräften nicht mehr im Detail verstanden und kontrolliert werden. Kompetenzen und Verantwortung müssen stärker delegiert werden. Schließlich wünschen sich, bedingt durch den gesellschaftlichen Wertewandel, jüngere Mitarbeiter mehr Partizipation, Selbständigkeit und Mitverantwortung. Über den Erfolg eines Unternehmens am Markt wird künftig daher mehr die Qualität der Führung und die Motivation der Mitarbeiter entscheiden.

Inhalte und Schwerpunkte im Führungsverhalten haben sich damit sehr stark verändert. Vorgesetzte sollen die „Hefe im Brotteig" sein und damit Ermöglicher von motiviertem Mitarbeiterverhalten. Sie übernehmen immer öfter die Rolle eines Moderators, Trainers und Coachs ihrer Mitarbeiter (*Brinkmann*, 1994).

Nachhaltige Veränderungen auf der Einstellungs- und Verhaltensebene von Führungskräften werden somit notwendig. Obwohl die meisten Führungskräfte für sich in Anspruch nehmen, genau diese neuen Anforderungen zu erfüllen, ist die Praxis in den Betrieben oft weit davon entfernt. Mitarbeiter erleben ihre Chefs häufig ganz anders, als es Lippenbekenntnisse, Unternehmensleitbilder, -philosophien und Führungsgrundsätze formulieren. Klagen von Mitarbeitern hierüber gehen meist in die gleiche Richtung. Vorgesetzte kommunizierten nicht ausreichend, mischten sich ins Tagesgeschäft, delegierten zu wenig, und ihre Entscheidungen seien vielfach nicht nachvollziehbar. Mit Vorgesetztenbeurteilungen, meist in Form von Fragebogen, wird in den letzten Jahren vermehrt versucht, Führungsverhalten zu optimieren und die Zusammenarbeit zu verbessern. Der im folgenden Text verwendete Begriff „Vorgesetzten-Feedback" steht im Gegensatz dazu für Verfahren, die nicht nur über Kategorienschemata, wie sie vor allem in Fragebogen Verwendung finden, Führungskräften eine Rückmeldung über ihr Führungsverhalten geben. Indem er das Wort „beurteilen" vermeidet, steht er auch für ein unbefangeneres Herangehen an das für viele Organisationen heikle Thema. Denn trotz der Erkenntnis, daß Rückkopplungen erlebten Führungsverhaltens für ihre Manager sehr sinnvoll wären, nehmen viele Unternehmen von deren Einführung Abstand, vor allem, weil sie sich mit zu vielen offenen Fragen konfrontiert sehen. Etwa der, wie mit den verschiedensten Widerständen gegen ein Projekt „Vorgesetzten-Feedback" umgegangen werden soll. Oder welche Verfahren sich für die unternehmensspezifische Kultur eignen, beispielsweise in bezug auf die inhaltlichen Kriterien einer Rückmeldung erlebten Führungsverhaltens. Es werden aber auch Antworten auf die Frage gesucht, was mit den Ergebnissen geschehen soll.

Das vorliegende Buch möchte viele solcher offenen Fragen beantworten und allen Interessierten die theoretischen, insbesondere führungspsychologischen und methodischen Aspekte eines Vorgesetzten-Feedback näherbringen. Es versteht sich als Hilfe für den besseren Umgang mit einem stark tabuisierten Thema und den daraus ableitbaren Konsequenzen. Damit versucht es, einen Beitrag zu leisten, die Rückmeldung von Vorgesetztenverhalten als effizienten Baustein in einer lernenden Organisation zu begreifen und sie im Führungsalltag zu nutzen. Dies geschieht inhaltlich in erster Linie durch konkrete Vorschläge für eine praktische Gestaltung und Umsetzung von Vorgesetzten-Feedback. Das Buch informiert über Verfahren und Instrumente, gibt Auskunft über wichtige Randbedingungen und bietet praktische Beispiele für die Implementierung in Organisationen. Interessant ist es insbesondere für den umsetzungsorientierten Praktiker, der Checklisten, einsatzbereite Fragebogen und Gesprächsleitfäden sowie Vorschläge für die Gestaltung von Workshops findet.

Korb, im Sommer 1998

*Ralf D. Brinkmann*

# Inhaltsverzeichnis

| | | |
|---|---|---|
| 1. | **Einführung** | 15 |
| 2. | **Vorgesetzten-Feedback – was ist das?** | 17 |
| 2.1 | Definition und Begriff | 17 |
| 2.2 | Die Entwicklung von Vorgesetzten-Feedback | 20 |
| 2.3 | Sinn eines Vorgesetzten-Feedback | 22 |
| 2.3.1 | Das Vorgesetzten-Feedback und seine Einbettung in die Personalentwicklung | 28 |
| 2.4 | Funktionen des Vorgesetzten-Feedback | 30 |
| 2.4.1 | Die Analyse- und Diagnosefunktion | 31 |
| 2.4.2 | Die Interventionsfunktion | 33 |
| 2.4.3 | Die Präventionsfunktion | 34 |
| 2.5 | Motive der Unternehmen für ein Vorgesetzten-Feedback | 35 |
| 2.5.1 | Besondere Anlässe für ein Vorgesetzten-Feedback | 38 |
| 2.6 | Zielgruppen eines Vorgesetzten-Feedback | 40 |
| 3. | **Exkurs: Hilfe durch Führungstheorien bei der Gestaltung von Vorgesetzten-Feedback** | 41 |
| 3.1 | Der Begriff „Führen" | 41 |
| 3.2 | Einige Führungstheorien im Überblick | 42 |
| 3.2.1 | Eigenschaftstheorie der Führung | 42 |
| 3.2.2 | Tiefenpsychologische Führungsmodelle | 42 |
| 3.2.3 | Entscheidungstheoretische Ansätze | 43 |
| 3.2.4 | Ansätze, die den Mitarbeiter ins Zentrum rücken | 44 |
| 3.2.4.1 | Weg-Ziel-Theorien der Führung | 44 |
| 3.2.4.2 | Attributionstheorien der Führung | 45 |
| 3.2.5 | Führung und soziale Lerntheorie | 45 |
| 3.2.6 | Reifegradtheorie der Führung | 46 |

| 3.2.7 | Führungstheorien, die die Position betonen | 46 |
| 3.2.7.1 | Machttheoretische Modelle | 47 |
| 3.2.7.2 | Die Rollentheorie | 47 |

**4. Der Wandel der Führungsrolle** ........ 49

| 4.1 | Konsequenzen des Wandels zukünftigen Führungsverhaltens | 53 |
| 4.2 | Das neue Führungsverständnis in modernen Managementtheorien | 56 |
| 4.2.1 | Re-Engineering | 56 |
| 4.2.2 | Total Quality Management (TQM) | 57 |
| 4.2.3 | Kaizen | 58 |
| 4.2.4 | Lean Management | 59 |

**5. Gestaltung eines Vorgesetzten-Feedback** . 61

| 5.1 | Methodische Komponenten | 63 |
| 5.2 | Form und Gestaltung von Vorgesetzten-Feedback | 65 |
| 5.2.1 | Die Form | 66 |
| 5.2.2 | Pro und kontra Teilnahmeverpflichtung | 69 |
| 5.3 | Erwünschte und unerwünschte Folgen von Vorgesetzten-Feedback | 70 |
| 5.4 | Planung, Konkretisierung, Durchführung und Evaluation von Vorgesetzten-Feedback | 73 |
| 5.4.1 | Die Planungsphase | 73 |
| 5.4.1.1 | Checkliste Planungsphase | 77 |
| 5.4.2 | Die Phase der Konkretisierung | 77 |
| 5.4.2.1 | Fragebogen zur Meinungsbildung | 82 |
| 5.4.2.2 | Checkliste Konkretisierungsphase | 84 |
| 5.4.3 | Die Durchführungsphase | 85 |
| 5.4.3.1 | Checkliste Durchführungsphase | 90 |
| 5.4.4 | Die Evaluierungsphase | 91 |
| 5.4.4.1 | Evaluationsfragebogen | 92 |
| 5.4.4.2 | Kosten-Nutzen-Aspekte | 93 |
| 5.4.4.3 | Checkliste Evaluierungsphase | 94 |

| | | |
|---|---|---|
| **6.** | **Widerstände gegen ein Vorgesetzten-Feedback** | 95 |
| 6.1 | Bedenken der Führungskräfte | 96 |
| 6.2 | Befürchtungen der Mitarbeiter | 96 |
| 6.3 | Problemsicht der Arbeitnehmervertreter | 97 |
| 6.4 | Bedenken von Geschäftsführung und Entscheidungsträgern | 99 |
| 6.5 | Möglichkeiten mit Widerstand gegen ein Vorgesetzten-Feedback umzugehen | 100 |
| 6.5.1 | Die präventiv-deeskalierende Vorgehensweise in der Praxis | 102 |
| 6.6 | Rechtliche Fragen im Zusammenhang mit dem Vorgesetzten-Feedback | 103 |
| 6.6.1 | Die Mitbestimmung des Betriebsrates nach dem Betriebsverfassungsgesetz | 103 |
| **7.** | **Weitere Bedingungen für die Einführung von Vorgesetzten-Feedback** | 106 |
| 7.1 | Personale Voraussetzungen | 106 |
| 7.2 | Regeln für die Implementierung von Vorgesetzten-Feedback | 107 |
| **8.** | **Der Fragebogen als Feedback-Instrument für Führungsverhalten** | 109 |
| 8.1 | Vor- und Nachteile des Fragebogenverfahrens | 109 |
| 8.2 | Konstruktion des Fragebogens | 109 |
| 8.2.1 | Die Skalierung | 117 |
| 8.2.2 | Ergänzende, offene Fragestellungen | 119 |
| 8.2.3 | Der Probelauf des Fragebogens | 119 |
| 8.3 | Fragebogenauswertung und Form der Darstellung | 122 |
| **9.** | **Vorgesetzten-Feedback in dialogischer Form** | 127 |

| | | |
|---|---|---|
| 9.1 | Das Orientierungsgespräch | 127 |
| 9.1.1 | Inhalte und Ablauf des Orientierungsgesprächs | 128 |
| 9.1.2 | Ein Beispiel für die Zielsetzung und Beschreibung des Orientierungsgesprächs | 133 |
| 9.2 | Der Führungsdialog | 135 |

## 10. Mitarbeiterübergreifendes Führungskräfte-Feedback ... 136

## 11. Workshops zum Vorgesetzten-Feedback . 139

| | | |
|---|---|---|
| 11.1 | Die Vorbereitung eines Workshops | 140 |
| 11.2 | Die Durchführung des Workshops | 143 |
| 11.2.1 | Organisatorisches | 143 |
| 11.2.2 | Der Einstieg | 144 |
| 11.2.2.1 | Regeln für den Feedback-Nehmer | 145 |
| 11.2.2.2 | Regeln für den Feedback-Geber | 147 |
| 11.2.3 | Die Durchführung | 149 |
| 11.2.3.1 | Workshop-Variante 1 | 149 |
| 11.2.3.2 | Workshop-Variante 2 | 155 |
| 11.2.3.3 | Workshop-Variante 3 | 160 |

## 12. Das Interview als Instrument der Rückkoppelung erlebten Führungsverhaltens ... 163

| | | |
|---|---|---|
| 12.1 | Das themenzentrierte Interview | 163 |
| 12.1.1 | Der Ablauf des Interviews | 165 |
| 12.1.2 | Schulung der Interviewer | 166 |
| 12.1.3 | Protokollierung der Interwieantworten | 167 |
| 12.1.4 | Die Auswertung des themenzentrierten Interviews | 167 |
| 12.1.5 | Ergebnisrückmeldung an die Führungskräfte | 167 |
| 12.1.6 | Kritische Bewertung dieses Instrumentes | 168 |

| | | |
|---|---|---|
| **13.** | **Vorgesetzten-Feedback über Rückmeldekarten** | 171 |
| 13.1 | Der Aufbau der Rückmeldekarte | 173 |
| **14.** | **Feedback durch Gleichgestellte** | 174 |
| 14.1 | Die Voraussetzungen für ein Gleichgestelltenurteil | 174 |
| **15.** | **Rückmeldungen zum Führungsverhalten durch Kollegen und Projektgruppenmitglieder** | 177 |
| **16.** | **Ausblick** | 178 |
| **17.** | **Anhang** | 181 |
| | Itempool für Fragebogen zum erlebten Führungsverhalten | 181 |
| | Leistungskriterien | 183 |
| | Beispiel für ein kombiniertes Mitarbeiter- und Vorgesetzten-Feedback aus einem Kreditinstitut | 184 |
| | Beispiel für ein kombiniertes Mitarbeiter- und Vorgesetzten-Feedback aus einer Behörde | 186 |
| **18.** | **Literaturverzeichnis** | 194 |
| **19.** | **Sachregister** | 197 |

# 1. Einführung

Mit dem in den 50er Jahren eher zögerlich und von wenigen Firmen eingeführten Verfahren der Vorgesetztenbeurteilung, wie beispielsweise dem „Supervisory Behavior Description Questionnaire" (*Fleishman, 1957*), nimmt seit Mitte der 80er Jahre das Interesse an weiteren Diagnoseinstrumenten zur Einschätzung von Führungsverhalten zu. Mit diesem Trend geht Führungskräften ein Vorrecht verloren, daß bisher darin bestand, Untergebene zu beurteilen. Nun sollen sie selbst auf den Prüfstand. Um einem häufigen Mißverständnis gleich zu begegnen: Chefs werden nach einem Vorgesetzten-Feedback nicht wegen schlechter Führung gekündigt, abgewählt oder bestraft. Vielmehr soll ein Feedback ihr Bewußtsein für „blinde Flecken" schärfen. Man erhofft sich durch das bewußte Reflektieren des Führungsverhaltens mit der Zeit eine bessere Zusammenarbeit. Und: wer sich am „Kunden" Mitarbeiter orientieren möchte, muß dessen Bedürfnisse kennen.

Gleichwohl gibt es zur Rückmeldung von Führungsverhalten unterschiedliche Stimmen, und radikale Kritiker halten sie für unsinnig, da sie in der Regel ohne Konsequenzen für die Führungskräfte ist. Daher sprechen sie häufig von „Unsinn mit Methode". Befürworter sehen sie hingegen dort, wo eine Bereitschaft zur Veränderung bei Führungskräften und Mitarbeiter vorhanden ist, als ein ausgezeichnetes Instrument, um die Kultur eines Unternehmens positiv zu beeinflussen. Die Pro-Position hält deshalb die Bewertung von Vorgesetztenverhalten für ein unverzichtbares Führungsinstrument.

Daß die Rückmeldung von Vorgesetztenverhalten erwünschte und unerwünschte Reaktionen bzw. Folgen in Unternehmen auslösen kann, gilt inzwischen durch entsprechende Studien als gesichert. So lösen beispielsweise Vorgesetztenbewertungen vor allem im Sinne einer klassischen Beurteilung, als Pendant zur Mitarbeiterbeurteilung, oft Ängste, Widerstände und Mißverständnisse auf allen Seiten aus. Oder sie wecken Erwartungen, die später enttäuscht werden. Dies trifft in besonderer Weise auf die anonymisierte Führungskräftebewertung mittels Fragebogen zu. Aber auch die meist nicht ausdrücklich formulierte Angst der Mitarbeiter vor Sanktionen des Chefs nach einem offenen Feedback macht das Vorgehen zu keinem geliebten Instrument. Bei einer Umfrage bei 154 nationalen und internationalen Firmen, von denen 40 % die Vorgesetztenbeurteilung eingeführt haben, klagte jedes fünfte Unternehmen über große Probleme (*Capital* 12/1996). Oft ist dies eine Folge der fehlenden Kenntnis alternativer Formen von Vorgesetzten-Feedback. Da Führungsverhalten immer ein multifaktorielles Produkt ist, bestehend aus *personalen, strukturellen und kulturellen Variablen*, die in Wechselwirkung miteinander stehen, kann bei einer Diagnose auch mit verschiedenen Instrumenten an unterschiedlichen Stellen angesetzt werden.

Unternehmen sollten sich daher vor der Einführung von Vorgesetzten-Feedback darüber klar werden, welche Kultur im Hause herrscht, welches Ziel erreicht werden soll und über welchen „Reifegrad" die Führungskräfte und Mitarbeiter verfügen. Die Verantwortlichen müssen sich zunächst die Frage stellen: „Welche Vorgehensweise und welches Verfahren passen zu uns?" Leben Führungskräfte und Mitarbeiter bereits eine Kultur des kontinuierlichen Gesprächs mit dem Willen zur Veränderung und einer ausgeprägten Teamkultur, bieten sich Formen einer Rückmeldung erlebten Führungsverhaltens an, die sich stark von den bisher praktizierten Beurteilungsverfahren unterscheiden. In Unternehmen hingegen, in denen es bereits eine ausgeprägte Beurteilungskultur gibt, sind Alternativen zur klassischen Vorgesetztenbeurteilung weit schwieriger einzuführen. Und dort, wo besonders stark hierarchisch geführt wird, wirkt ein Vorgesetzten-Feedback ohnehin unglaubwürdig.

# 2. Vorgesetzten-Feedback – was ist das?

## 2.1 Definition und Begriff

Unter Vorgesetzten-Feedback können alle Verfahren zusammengefaßt werden, mit denen

- Führungskräfte
- in einer formalen Organisation
- auf freiwilliger und unverbindlicher Grundlage
- durch Organisationsmitglieder
- in vertikaler oder horizontaler Richtung
- bezüglich ihrer Kenntnisse
- des Führungs-, Arbeits- und Sozialverhaltens oder
- anderer spezifischer Kriterien
- schriftlich, mündlich, offen oder anonym
- eingeschätzt werden.

Der Begriff „Vorgesetzten-Feedback" oder andere synonyme Bezeichnungen wie „Feedback-Gespräch", „Führungsdialog", „Führungsrückkoppelung" sowie „Vorgesetzteneinschätzung" werden in der Praxis dem in der Literatur gebräuchlichen der „Vorgesetztenbeurteilung" vorgezogen. Unternehmen vermeiden ihn meist bewußt, da mit dem Begriff „Beurteilung" *Ängste, Leistungsdruck, Autoritäts- und Statusverlust* assoziiert werden.

Der Begriff *Feedback* selbst stammt aus der Kybernetik und bedeutet Rückkoppelung. In der Sozialpsychologie beinhaltet er jede Art von Gegenverhalten, das rückmeldend zu einem Ausgangsverhalten erfolgt (*Dorsch*, 1982). Somit melden Mitarbeiter im Vorgesetzten-Feedback das Führungsverhalten der Führungskraft zurück. In der Literatur ist für diesen Vorgang der Begriff „Vorgesetztenbeurteilung" eingeführt, obgleich er auch unterschiedlich verwendet und definiert wird. *Reinecke* (1985) versteht unter Vorgesetztenbeurteilung *alle Verfahren von Vorgesetzten-*

*Feedback*, während *Breisig* (1990) nur solche Verfahren dazuzählt, die nach einem schriftlich festgelegten Kategorienschema durchgeführt werden. Die meisten Organisationen, die ein Feedback für Vorgesetzte eingeführt haben, praktizieren Verfahren, die der Definition von Breisig entsprechen. *Fechner* (1995) bestätigt dies in einer Untersuchung, in der sie feststellt, daß Daten zur Einschätzung des Führungsverhaltens in der Regel durch *Fragebogen* erhoben werden. *Alternative Methoden* wie beispielsweise Workshops, leitfadengestützte und themenzentrierte Interviews, Orientierungsgespräche, Führungsdialoge usw. werden noch selten durchgeführt. Personalvorstände größerer Unternehmen, Personalchefs und Führungskräfteentwickler verlangen jedoch zunehmend Methoden, die alternative Vorgehensweisen beinhalten. Dies vor allem, weil sie als Entscheidungsträger der Unternehmen die Schwächen einseitiger formalisierter und schriftlicher Verfahren erkannt haben. In beinahe der Hälfte aller Vorgesetztenbeurteilungen werden keine Informationen an die Mitarbeiter rückgemeldet bzw. findet keine konstruktive Auseinandersetzung mit Einstellungs- und Verhaltensdefiziten von Führungskräften statt. Oder die Betroffenen werden an der Konstruktion und den Inhalten des Feedback-Verfahrens nicht beteiligt. Wichtigstes Kriterium der Unterscheidung der bisher praktizierten Vorgehensweise ist die Richtung des Feedbacks. Während Einschätzungen und Rückmeldungen bei der klassischen Anwendung meist *vertikal* verankert sind, also in Form „Abwärts- oder Aufwärtsbeurteilung", bei denen Vorgesetzte bzw. Mitarbeiter Beurteilungen abgeben, liegen alternative Methoden auch auf *horizontaler Ebene*. Hier werden z. B. Informationen über das Vorgesetzenverhalten auf der Waagerechten von Gleichgestellten generiert, d. h. von Führungskräften gleicher Hierarchiestufen oder Kollegen aus Projektteams.

Das *mitarbeiterübergreifende Vorgesetzten-Feedback* ist die Kombination der vier bisher dargestellten Möglichkeiten. Es faßt Feedback-Geber aus den bisherigen singulären

**Abb. 1:** Vertikales Vorgesetzten-Feedback

**Abb. 2:** Horizontales Vorgesetzten-Feedback

Zielgruppen zu einer neuen zusammen und erweitert sie u. U. durch die Sichtweise von Kunden und die *Selbstwahrnehmung der Führungskraft.*

Die Inhalte von Führungskräfte-Feedback können daher sehr unterschiedliche Schwerpunkte haben. *Wunderer* (1993) unterscheidet folgende Inhalte von Führungsbeziehungen, die analysiert werden können.

I. Interaktionelle Führungsbeziehungen

1. Partizipative Dimension
   - Information/Kommunikation
   - Konsultationsbeziehungen
   - Entscheidungsbeziehungen
   - Kontrollbeziehungen
2. Prosoziale Dimension
   - Vertrauensbeziehungen
   - Unterstützungsbeziehungen
   - Konsensbeziehungen

II. Strukturelle Führungsbeziehungen

1. „Weiche" Strukturführung
   - Führungskultur (Werthaltungen, Bräuche, Symbole, Rituale etc.)
   - „Weiche" Personalprogramme (z. B. Mitarbeitergespräche, Personalentwicklung)
2. „Harte" Strukturführung
   - Regeln, Weisungen, Sanktionen zur Führung
   - Aufbauorganisation (Verantwortlichkeiten, Kompetenzen etc.)
   - Ablauforganisation (z. B. Arbeits- und Kommunikationsbeziehungen)
   - „Harte" Personalprogramme (z. B. Personalauswahl, -einsatz, -freisetzung, -entlohnung, Leistungsbeurteilung)

## 2.2 Die Entwicklung von Vorgesetzten-Feedback

Die Rückkoppelung wahrgenommener Arbeitsbedingungen setzte in Form von Mitarbeiterbefragungen bereits um die Jahrhundertwende in den USA ein. Die bekanntesten dieser ersten Befragungen sind die *Hawthorne-Studien* von den Psychologieprofessoren Elton Mayo und Marcel Roethlisberger von der Harvard-Universität, die zwischen

1927 und 1939 durchgeführt wurden. Sie befragten im Rahmen ihrer Studien 20 000 Arbeitnehmer zu den Auswirkungen von von ihnen variierten Arbeitsbedingungen. Das überraschendste Resultat dieser Studien waren weniger die unterschiedlichen Ergebnisse der ergonomischen Veränderungen, wie z. B. die Variation der Lichtstärke, als vielmehr die „betriebsklimatischen" Veränderungen, insbesondere das den Mitarbeitern von seiten der Forscher entgegengebrachte Vertrauen. Der direkte Zusammenhang zwischen *Leistungsfähigkeit, Produktivität und Arbeitszufriedenheit* war damit bewiesen.

Diese sogenannten *sozialpsychologischen Einflüsse* auf das Leistungsverhalten von Belegschaften waren schließlich auch der Ausgangspunkt für die Human-Relations-Bewegung. Im Gegensatz zum *Scientific Management* von Frederic W. Taylor, der mit ingenieurwissenschaftlichen Ansätzen die Produktivität von Arbeitnehmern durch rationellere Arbeitsabläufe steigern wollte, rückte die Human-Relations-Bewegung die *sozialen Beziehungen* der Mitarbeiter untereinander sowie zu den Führungskräften in den Mittelpunkt. Gleichwohl blieb die Human-Relations-Bewegung in Deutschland von untergeordneter Bedeutung. In den USA beschäftigte man sich erst wieder in den fünfziger und sechziger Jahren mit Mitarbeiterbefragungen. Als Personalführungsinstrument kam die Mitarbeiterbefragung in den sechziger Jahren über den Vorreiter IBM-Deutschland GmbH in die Bundesrepublik und gewann in den siebziger Jahren an Bedeutung. Anfang der achtziger Jahre hatte sie sich als Instrument der Personalforschung fest etabliert und entwickelte sich auch in kleineren Unternehmen zu ihrer heutigen Bedeutung.

Erste Versuche, Führungskräften eine Rückmeldung über ihr Führungsverhalten zu geben, fanden in den USA schon in den fünfziger Jahren statt. Mit dem Supervisory Behavior Description Questionnaire (*Fleishman*, 1957) wurde das Vorgesetztenverhalten durch die unterstellten Mitarbeiter bewertet. Dieser Fragebogen basierte auf den Ergebnissen der Ohio-Studien. Hieraus entwickelten *Fittkau-Garthe/Fittkau* (1971) für den deutschen Sprachraum den „Fragebogen zur Vorgesetzten-Verhaltens-Beschreibung" (FVVB). Der FVVB enthält 32 Aussagen zum Führungsverhalten, mit denen Mitarbeiter das erlebte und beobachtete Verhalten ihrer Vorgesetzten im Sinne einer Fremdbeurteilung einstufen.

Die ESSO-AG in Hamburg war das erste Unternehmen in der Bundesrepublik Deutschland, das 1974 ein Verfahren zur Vorgesetztenbeurteilung eingeführt hat (vgl. *Daniel*, 1981). Dieses Instrument orientierte sich stark am FVVB. In den letzten Jahren ist ein erneutes Interesse an der Rückmeldung von Führungsverhalten zu verzeichnen, nachdem bis Mitte der achtziger Jahre das Beispiel von ESSO wenig Widerhall gefunden hatte. Seit Beginn der neunziger Jahre ist bei verschiedenen Organisationstypen ein zunehmender Trend zu verzeichnen, Vorgesetzte hinsichtlich ihres Führungsverhaltens zu bewerten. So nimmt die Beliebtheit der Rückkoppelung von erlebtem Führungsverhalten durch Geführte nicht nur in Unternehmen der Wirtschaft, sondern auch in öffentlichen Verwaltungen zu (*Bebermayer/Jäkel*, 1982). Schätzungen gehen davon aus, daß sich die Zahl der Organisationen, die eine Bewertung von Führungskräften durchführen, bis zum Jahr 2000 verdoppeln wird.

## 2.3 Sinn eines Vorgesetzten-Feedback

Führungsverhalten und dessen Wahrnehmung durch das berufliche Umfeld klaffen sehr oft auseinander. Obwohl das Wissen um den Einfluß des Führungsstils auf die Leistung und Arbeitszufriedenheit mittlerweile zum Allgemeingut gehört, werden selbst grundlegende Führungsprinzipien in der Praxis mißachtet. Mitarbeiter werden nicht

**Abb. 3:** Die häufigsten Führungsfehler

an Entscheidungen, die sie direkt betreffen, beteiligt, Informationen nicht weitergegeben und keine Mitarbeitergespräche geführt. Die Folgen sind Ärger, Streß und eine allgemeine Unzufriedenheit der Geführten. Die Palette an Führungsfehlern ist groß, und die destruktiven Folgen sind vielfältig. Die häufigsten Fehlverhaltensweisen sind in Abb. 3 dargestellt.

Die wenigsten Führungsfehler werden böswillig gemacht. Vielmehr scheint es ein Mangel an Rückmeldungen zu sein, die sinnvolle Einstellungs- und Verhaltenskorrekturen ermöglichen könnten. Dieses Defizit fördert bei vielen Managern die Entstehung eines „blinden Flecks". Als „blinder Fleck" wird in der Physiologie der Punkt auf der Netzhaut bezeichnet, an dem die gebündelten Nervenzellen der Rezeptoren (Stäbchen und Zäpfchen) als Sehnerv das Auge verlassen. Einfallendes Licht kann, wenn es auf diese Stelle fällt, nicht wahrgenommen werden, obwohl der Gegenstand, von dem das Licht abgestrahlt wird, objektiv vorhanden ist. Subjektiv existiert er für das Individuum nicht. Die Sozialpsychologie benutzt diesen Begriff analog für bestimmte Wahrnehmungsphänomene. Wissen wir um diese Phänomene oder werden wir von anderen auf unsere partielle Blindheit aufmerksam gemacht, können wir bewußter damit umgehen. Ja wir können vielleicht sogar den Wunsch äußern, daß man uns auf unser blindes Verhalten aufmerksam macht.

Test:

Halten Sie sich das linke Auge mit der linken Hand zu. Betrachten Sie mit Ihrem rechten Auge das Kreuz auf dieser Buchseite, die Sie mit gestrecktem Arm vor sich halten. Führen Sie nun das Buch langsam auf Ihr rechtes Auge zu, ohne die Fixation des Kreuzes zu vernachlässigen. Bei einem Abstand von ca. 30–40 cm „verschwindet" der schwarze Punkt, obwohl er real noch vorhanden ist.

**Abb. 4:** Blinder Fleck

Mit Hilfe des sogenannten Johari-Fensters, das nach den Autoren Joe Luft und Harry Ingham benannt ist, können wir menschliches Verhalten in vier Bereiche einteilen. Sie ergeben sich aus der Kombination von „Selbstwahrnehmung" und „Fremdwahrnehmung" (vgl. *Brinkmann*, 1993).

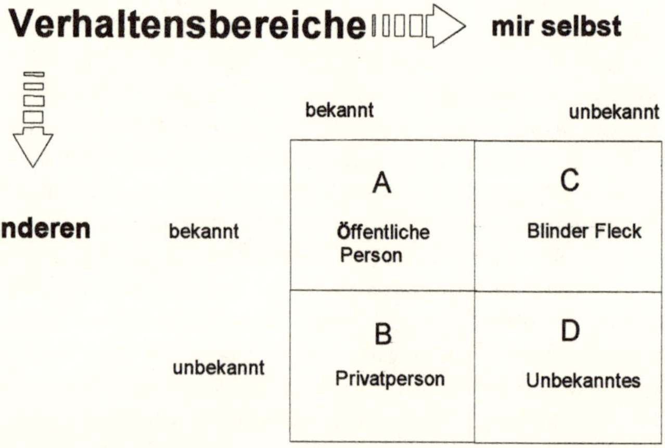

## Verhaltensbereiche ⇨ mir selbst

|  |  | bekannt | unbekannt |
|---|---|---|---|
| **anderen** | bekannt | A<br>Öffentliche Person | C<br>Blinder Fleck |
|  | unbekannt | B<br>Privatperson | D<br>Unbekanntes |

**Abb. 5:** Johari-Fenster

Quadrant A: Dies ist der Bereich der *öffentlichen Aktivität* einer Person. Handlungen und Verhaltensweisen sind sowohl der *handelnden Person bekannt* als auch von *anderen wahrnehmbar*. Fakten und Daten, die eine Person über sich bekanntgibt, gehören gleichfalls dazu.

Quadrant B: Dies ist der Bereich des *Handelns und Verhaltens*, der *einer Person bekannt* und *bewußt* ist. Informationen, die diesem Feld zuzuordnen sind, werden *anderen nicht bekanntgemacht*. Z.B. Ideen, Gefühle oder Reaktionsweisen, die nicht oder noch nicht öffentlich werden sollen.

Quadrant C: Dieser betrifft den Bereich des *„blinden Flecks"*, d.h. den Teil des Verhaltens einer Person, der zwar für *andere sicht- und erkennbar* ist, etwa eine gewisse Arroganz im Verhalten oder eine oberlehrerhafte Art, die dem *Betroffenen jedoch nicht bewußt* ist.

Quadrant D: Hierunter fallen *alle Vorgänge und Aktivitäten*, die weder der *betroffenen Person noch anderen bekannt* sind. Dazu zählen z.B. unbewußte Motive für Verhalten, Abgewehrtes und Vorbewußtes.

Überträgt man das Johari-Fenster auf das Führungsverhalten von Vorgesetzten, so zeigt die Praxis, daß das Feld des blinden Flecks bei Managern im Verhältnis zu anderen Organisationsmitgliedern ohne Führungsverantwortung häufig überproportional groß ist. Dies hängt damit zusammen, daß sie aufgrund ihrer Position i.d.R. von ihren Mitarbeitern nicht offen kritisiert werden. Mangelnde Rückmeldung führt jedoch zu einer unrealistischen Selbsteinschätzung der eigenen Führungsfähigkeiten und der vermuteten Zufriedenheit bei den Geführten. Führungskräfte-Feedback beinhaltet die Chance für Vorgesetzte, das Feld ihres blinden Flecks zu verkleinern und damit zu einer realistischeren Einschätzung ihres Führungshandelns zu gelangen. Je mehr Informationen über eine Rückmeldung bewußt werden, desto größer ist die Chance für Führungskräfte,

– ihr *Führungsverhalten* zu ändern und damit zu optimieren;
– ihre *Verhaltens- und Handlungsweisen* künftig bewußter wahrzunehmen und dadurch schädliche von förderlichen Handlungs- bzw. Verhaltensmustern zu unterscheiden;
– zu begreifen, welche *emotionalen Auswirkungen* beispielsweise ein suboptimales Führungsverhalten auf Mitarbeiter hat.

Führungskräfte-Feedback kommt dann besonders gut an, wenn Feedback-Geber

– Verhalten oder Sachverhalte *beschreiben*, anstatt zu *bewerten*, um Widerstand beim Feedback-Nehmer zu vermeiden;
– auf *konkrete Vorfälle, Aufgaben oder Projekte* eingehen;
– *konstruktiv* sind, indem sie Hinweise geben, wie es z.B. der Vorgesetzte künftig besser machen kann;
– *Gefühle* nicht indirekt, sondern *direkt* formulieren („Ich ärgere mich über Ihre letzte Äußerung, weil …!");
– *Wünsche vorbringen* („Ich wünsche mir, daß mein Vorgesetzter künftig …!").

Eine Vorgehensweise, bei der diese Kriterien erfüllt werden, sind moderierte Workshops, Orientierungsgespräche oder andere Formen des direkten Austausches zwischen Vorgesetzten und Mitarbeitern. Dort, wo das regelmäßige Gespräch über Ziele, Zielerreichung, Zusammenarbeit und Führungserfolg zu den Säulen der Führungskultur gehört, gewinnt allerdings auch die Einsicht an Boden, daß Einstellungs- und Verhaltensänderungen Zeit brauchen, weil deren Notwendigkeit erst eingesehen werden muß. Unternehmen, denen die Zeit dafür fehlt, werden daher andere Formen der Rückmeldung wählen, mit weniger konkreten

Hinweisen für den Vorgesetzten. Die Hoffnung der Verantwortlichen dieser Unternehmen ist, daß die subjektiven Wahrnehmungen, z. B. über Fragebogen, dazu führen, daß Führungskräfte ihr Managementverhalten bewußter reflektieren. Einige Personalmanager setzen dabei weniger auf Einsicht bei den betroffenen Vorgesetzten, als vielmehr auf Druck. Bewertete Führungskräfte sollen über die Ergebnisse der Rückmeldungen sowie die getroffenen Maßnahmen ihren nächsthöheren Vorgesetzten berichten. Gibt es keine oder nur geringe Verhaltensänderungen bei den bewerteten Managern, sind negative Folgen, wie etwa eine andere Aufgabe ohne Führungsverantwortung, möglich. Dieser Ansatz wird jedoch von den wenigsten Firmen verfolgt. Vielmehr geht es den meisten Unternehmen darum, die Zusammenarbeit zwischen Führungskräften und Mitarbeitern zu verbessern, partnerschaftlich und konstruktiv zu gestalten, um damit eine positive Führungskultur zu schaffen.

**Abb. 6:** Variationen von Vorgesetzten-Feedback

Rückmeldungen über das Führungsverhalten von Vorgesetzten sind in verschiedene Kontexte einbindbar. Sie dienen dann

- ausschließlich der Bewertung des Führungshandelns;
- als Komponente in einer umfassenden Mitarbeiterbefragung;
- der Statusdiagnostik von Unternehmens- und Führungsleitlinien im Rahmen von Organisationsentwicklungsmaßnahmen;
- der Lösung von Problem- und Konfliktsituationen, bei denen das Führungsverhalten von Verantwortlichen als zentrale Ursache gesehen wird.

### 2.3.1 Das Vorgesetzten-Feedback und seine Einbettung in die Personalentwicklung

Ein zukunftssicherndes und strategisches Management muß neben der allgemeinen zukunftsorientierten Planung *Organisations- und Personalentwicklung* betreiben. Das Ziel von Personalentwicklung ist es, vorhandene Mitarbeiterpotentiale für aktuelle und zukünftige Anforderungen zu nutzen und gegebenenfalls zu optimieren.

Der bereits erwähnte wirtschaftliche, gesellschaftliche und demographische Wandel sowie die Veränderung der Werte läßt die Komplexität der Aufgaben und Organisationsstrukturen zunehmen. Zur Bewältigung dieser Herausforderungen müssen Mitarbeiter neue Denkansätze und Konzepte erlernen sowie neue Methoden praktizieren. Sogenannte „weiche Faktoren" wie *Führungs-, Sozial-, Methodenkompetenz, Corporate Identity, Unternehmenskultur, Personalentwicklung und Personalpflege* treten neben den rationalen „harten Faktoren" (z.B. Organisationsstrukturen, Steuerungs- und Kontrollsysteme) immer stärker in den Vordergrund. Eine Garantie für künftige Erfolge sind daher überdurchschnittliche Schlüsselqualifikationen der Mitarbeiter wie *Kommunikations- und Beratungsfertigkei-*

ten, *Zeit- und Selbstmanagement-Kompetenz* sowie die *Fähigkeit, problemlos im Team mit anderen zusammenzuarbeiten*. Führungskräfte Ihrerseits müssen vor allem *Coaching-Fähigkeiten* entwickeln. Sie müssen die Rolle eines Unterstützers ihrer Mitarbeiter einnehmen. Personalentwicklung muß von ihnen als wesentlicher Bestandteil ihrer Führungsaufgabe und damit als „Chefsache" akzeptiert werden. Dazu gehört nicht nur die Durchführung von Mitarbeitergesprächen bzw. -beurteilungen und damit verbunden das Vorschlagen von Förder- und Entwicklungsmaßnahmen, sondern auch das kritische Hinterfragen des eigenen Führungsverhaltens.

Personalentwicklung bedarf der folgenden begleitenden Maßnahmen, um erfolgreich zu sein:

1. Die Einführung eines Feedback-Systems für Mitarbeiter und Führungskräfte, um Diskrepanzen zwischen dem Soll der Anforderungen und der tatsächlichen Bewältigung der Tätigkeit festzustellen.
2. Erstellen von Geschäftsverteilungsplänen, Stellen- und Aufgabenbeschreibungen sowie Anforderungsprofilen als organisatorische Voraussetzungen dafür.
3. Alle Führungskräfte müssen die Verantwortung für die Entwicklung ihrer Mitarbeiter als Bestandteil ihrer Führungsaufgabe wahrnehmen und akzeptieren. Die Einführung von Führungsgrundsätzen oder Regeln der Zusammenarbeit ist daher zwingend.

Um das Ideal der Führungsgrundsätze aus dem *Unternehmensleitbild* zum Leben zu erwecken, ist eine Bewertung von Führungshandeln ein Bestandteil dieses Feedback-Systems. Vorgesetzten-Feedback ist somit aus Sicht der Personalentwicklung ein *Diagnoseverfahren,* um Einstellungs- und Verhaltensveränderungen sowie persönliche Weiterentwicklung einzelner Führungskräfte zu ermöglichen. Andererseits ist es ein Element einer mitarbeiterorientierten Personalentwicklung, das eine offene, direkte oder mündliche Methode zur Verbesserung der Zusammenarbeit, der

Erhaltung von Arbeitszufriedenheit und der Motivation von Mitarbeitern ist.

Aus Sicht der Personalentwicklung greifen folgende Prinzipien bei einem Vorgesetzten-Feedback:

1. Vorgesetzten-Feedback sollte nicht als Einzelaktion durchgeführt werden, ohne in ein Gesamtkonzept einer systematischen und strategieorientierten Personalentwicklung eingebunden zu sein.
2. Im Zentrum der Rückmeldung des erlebten Führungsverhaltens durch Feedback-Geber steht nicht nur die isolierte Bewertung einzelner Führungskräfte, sondern das Lernen und die Entwicklung von Personen.
3. Feedback-Verfahren müssen unternehmensindividuelle Methoden sein, die nicht „von der Stange" gekauft werden sollten. Nur so können die unternehmensspezifischen Strategien und Ziele einer Organisation umgesetzt werden.
4. Feedback-Methoden sind im Rahmen der Personalentwicklung als adaptive, dynamische Verfahren zu kreieren, die sich veränderten Rahmenbedingungen problemlos anpassen lassen.

## 2.4 Funktionen des Vorgesetzten-Feedback

Vorgesetzten-Feedback hat im wesentlichen drei Grundfunktionen. Eine *Analyse- und Diagnosefunktion,* eine *Interventions- oder Entwicklungsfunktion* sowie eine *Präventionsfunktion.* Alle Funktionen beziehen sich aus systemischer Sicht auf die drei Ebenen *Person, Situation und Organisation.* Erstere beinhaltet vor allem das spezifische Führungsverhalten des Vorgesetzten. Hierauf liegt auch der Fokus der meisten Beurteilungsverfahren für Führungskräfte. Situative Bedingungen beziehen sich auf die Aufgabe selbst, die Arbeitsbedingungen, die Arbeitsgruppe bzw. das Team. Die Variable Organisation umfaßt Arbeitsabläufe, organisatorische und kulturelle Aspekte.

## 2.4.1 Die Analyse- und Diagnosefunktion

In erster Linie dienen Vorgesetzten-Einschätzungen dem Abgleich von erlebtem Führungshandeln mit dem Anforderungsideal der Führungsfunktion. Die Fremdeinstufung des Führungsverhaltens ermöglicht es dem Manager, aufmerksamer und sensibler für das eigene künftige Führungshandeln zu sein, um dieses ggf. zu ändern. Damit ist ein Führungskräfte-Feedback zum einen eine Analyse in Form des Sammelns von Fakten hinsichtlich der Wahrnehmung des Führungsverhaltens durch die Feedback-Geber. Zum anderen ermöglicht es im Anschluß daran auch eine Diagnose, indem das Ist-Verhalten einem Ideal von Führung gegenübergestellt wird, wie es etwa in *Führungsgrundsätzen oder Funktionsanforderungsprofilen* beschrieben ist. Diagnose heißt in diesem Zusammenhang Erkennen, Benennen, Zuordnen und Erklären von Führungsverhaltensweisen. Eine Analyse, und in der Folge eine Diagnose, kann bezüglich einer Unzufriedenheit mit dem Führungsverhalten eines Managers verschiedene Ursachen zu Tage bringen. Sie können sowohl in einem unbefriedigenden Führungsverhalten als auch in nicht optimalen Arbeitsbedingungen, einer inhomogenen Zusammensetzung des Teams, unzureichenden allgemeinen Umfeldbedingungen oder einer problematischen Unternehmenskultur begründet sein. Aus systemischer Sicht korrekte Analysen und Diagnosen müssen deshalb immer auch die Faktoren *Situation und organisationale Bedingungen* würdigen, denn die Praxis zeigt, daß mangelnder Führungserfolg nicht immer nur in der Person des Vorgesetzten begründet ist. Häufig werden die Gegebenheiten der Unternehmung und ihre oftmals recht komplexe Struktur sowie die Märkte, in denen Führungskräfte agieren müssen, bei der Bewertung von Vorgesetztenverhalten ignoriert. In vielen Fällen sind es aber die Wechselwirkungen zwischen Mitarbeiter und Führungskraft, Mitarbeiter und Team oder die Interaktion aller drei Komponenten, die über Führungserfolg oder -mißerfolg sowie Stärken und Schwächen im Führungsprozeß entscheiden. Damit wird ein Vorgesetzten-Feedback zu *einem* wichtigen Kulturelement, das die gegenseitige Bedingtheit von Verhalten in der Zusammenarbeit deutlich macht und immer wieder aufs neue diskutiert werden muß. Ein Feedback für Führungskräfte ist damit eine Art *Prozeßdiagnose*, die den Vorgang der Verhaltensoptimierung und Einstellungsänderung initiiert und über einen längeren Zeitraum mittels mehrerer Meßzeitpunkte beobachtet. Eine reine *Statusdiagnose*, die lediglich den Ist-Zustand beschreibt und in der vielleicht nur eine personenzentrierte Interpretation von Rückmeldungen vorgenommen wird, erkennt die Ursachen für unbefriedigendes Führungshandeln meist nicht wirklich. Insbesondere dann nicht, wenn von seiten der Mitarbeiter bewußt böswillige Aussagen gemacht werden, um den Chef loszuwerden (*Brinkmann, 1995*).

Konkret ergeben sich aus dieser Funktion:

1. *Stärken-Schwächen-Profile des Vorgesetztenverhaltens*, z.B. hinsichtlich

   – des partizipativen Verhaltens,
   – der Mitarbeitermotivation oder
   – der Konfliktbewältigung usw.

2. *Informationen über den Wirkungsgrad des Führungshandelns*, z.B. mittels einer

   – Erfolgskontrolle oder
   – Zielvereinbarung usw.

3. *Systembilder,* die das individuelle Vorgesetztenverhalten in die dynamischen Strukturen des „Systems" Bereich, Abteilung oder Team einordnen und die Bedingungen für das Verhalten deutlich machen.

4. Die Möglichkeit der *Überprüfung der Umsetzung von Führungsgrundsätzen* durch die Führungskräfte.

5. *Personaler und kollektiver Entwicklungsbedarf.*

## 2.4.2 Die Interventionsfunktion

Intervention im Sinne von verändern beschreibt diese Funktion sehr treffend. Informationen, die einer Führungskraft über ihr Handeln reflektiert werden, bieten ihr die Chance, sich Ziele für Einstellungs- und Verhaltensänderungen zu formulieren bzw. dies in Abstimmung mit Mitarbeitern sowie direkten Vorgesetzten zu tun. Folgen können aber auch darin bestehen, daß die Ergebnisse aus der Analyse und Diagnose der Rückmeldungen als Maßstab für Beförderungen oder zur Gehaltsfindung dienen. Auf *situativer Ebene* könnte sich Änderungsbedarf auf der *Teamebene, dem strukturellen oder unternehmenskulturellen Level* ergeben. Maßnahmen für diese Zielfunktionen können sein:

1. *Personalentwicklung*
   - auf personaler Ebene (z.B. Führungsseminar, Methoden der Selbstorganisation),
   - auf Teamebene (z.B. Teamentwicklung).

2. *Organisationsentwicklung*
   - Optimieren von Arbeitsabläufen,
   - Fortschreiben von Stellenbeschreibungen und Anforderungsprofilen,
   - Abgrenzen von Kompetenzbereichen,
   - Neuzuordnung von Aufgabengebieten,
   - Verlagerung von Zuständigkeiten und Verantwortung auf Teams oder einzelne Teammitglieder (Partizipation durch Empowerment),
   - Neudefinition der Rollen von Mitarbeitern als gleichberechtigte Partner („Mitverantwortliche") u.a.m.

3. *Selektion*
   - Leistungsbewertung,
   - Potentialeinschätzung,
   - Gehaltsfindung.

Die Selektion wird zwar von vielen Unternehmensleitungen als Ziel von Vorgesetzten-Feedback gesehen, sie hat diese Funktion jedoch nicht. Die Rückmeldung erlebten Führungshandelns verlangt immer den anschließenden Dialog, der eine Einstellungs- bzw. Verhaltensänderung i.d.R. erst richtig befördert. Als personalpolitisches Instrument verfehlt ein zu Selektionszwecken eingesetztes Vorgesetzten-Feedback jedoch sein eigentliches Ziel, da eine partnerschaftliche und freiwillige Basis nicht mehr gegeben ist. Besonders problematisch wird es beispielsweise dann, wenn das berufliche Schicksal eines Managers nur von den Resultaten der Rückmeldungen des direkten Vorgesetzten und/oder einer kleinen Gruppe von Mitarbeitern abhängt. Objektive Vergleichbarkeit der Bewertungen ist in den meisten Fällen nicht möglich. Vor allem fehlen i.d.R. die methodischen und meßtheoretischen Voraussetzungen. Wie ist ein Wert oder eine Aussage über die Führungskraft A im Vergleich zur Führungskraft B zu sehen? Oder welche Aussagen lassen sich über den künftigen Führungserfolg des Vorgesetzten C aufgrund des beurteilten Wertes XY machen?

Praktische Erfahrungen zeigen, daß die Nutzung von Vorgesetzten-Feedback zu Auswahlzwecken zu vermeiden ist. Dies trifft besonders auf Organisationen zu, die über keine systematische Personalentwicklung verfügen, da sie Führungskräfte bei der Aufarbeitung aufgedeckter Führungsdefizite nur schlecht unterstützen können. Hier wirkt ein Feedback zur *Potentialeinschätzung, Gehaltsfindung* oder *Beförderung* für den Vorgesetzten eher kontraproduktiv.

### 2.4.3 Die Präventionsfunktion

Strategisches, zukunftsorientiertes und vorausschauendes Personalmanagement bedeutet immer auch, Fehlentwicklungen rechtzeitig zu erkennen und ihnen entgegenzuwirken. So wie ein Autofahrer, der sich, um die Spur zu halten, permanent zwischen Mittelstreifen und Bordsteinkante einer Straße orientiert und Abweichungen sofort korrigiert, gilt es, den Führungsprozeß analog zu überwachen. Neben dem Prozeß des Korrigierens von Vorgesetztenverhalten sind damit auch die Ziele angesprochen, die durch den Führungsprozeß erreicht werden sollen. Um beim Beispiel des Autofahrens zu bleiben, nützt es dem Fahrer recht wenig, die Spur zu halten, wenn er sich nicht klar darüber ist, wohin er eigentlich fahren möchte. Nur das Wissen um sein Fahrtziel hilft ihm, die richtigen Wege zu wählen und es ohne große Umwege zu erreichen.

Unter dem Präventionsaspekt hat ein Vorgesetzten-Feedback einen Einfluß auf:

1. die *Strategieentwicklung im Führungsbereich,* also auf Ziele und Inhalte von Führung, die Schlüsselqualifikationen von Vorgesetzten und neue Modelle der Zusammenarbeit;
2. die Informationen, die für *langfristige Nachfolgeplanungen* wissenswert sind, wie Führungspotentiale für verantwortliche Tätigkeiten, um Fehlentscheidungen hinsichtlich Weiterentwicklung und Beförderung zu vermeiden;
3. die *Motivations- und Leistungssteigerung von Mitarbeitern und Vorgesetzten;*
4. *die Evaluation von langfristigen Einstellungs- und Verhaltensänderungen* bei Führungskräften sowie den *Erfolg von Personalentwicklungsmaßnahmen.*

## 2.5 Motive der Unternehmen für ein Vorgesetzten-Feedback

Aus der Beratungspraxis des Autors gewonnene Daten aus dem Kreditgewerbe zeigen, daß sich der Wunsch nach einer Bewertung des Führungsverhaltens von Vorgesetzten aus den in Abb. 7 dargestellten Motiven speist (*Brinkmann*, 1996).

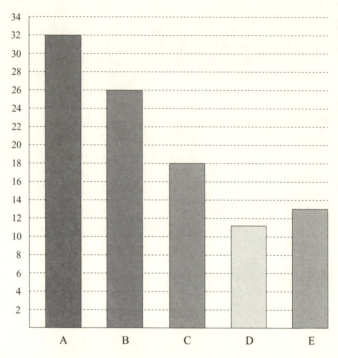

A = Verbesserung der Zusammenarbeit
B = Führungskräfte-Feedback im Rahmen des jährlichen Mitarbeitergesprächs
C = Instrument der Personalentwicklung
D = Zur Teamentwicklung
E = Evaluation von Führungsleitlinien

**Abb. 7:** Motive für ein Vorgesetzten-Feedback

Vergleiche mit anderen Wirtschaftszweigen ergeben ein ähnliches Bild (vgl. *Herl*, 1995; *Fecher*, 1994). An erster Stelle steht der Wunsch der Unternehmen nach einer *Verbesserung der Zusammenarbeit* (32%). 26% geben an, das Feedback zum Führungsverhalten im Rahmen des jährlichen *Mitarbeitergespräches* durchzuführen. An dritter

Stelle (18%) steht das Vorgesetzten-Feedback als *Instrument der Personalentwicklung*. Rückmeldungen erfolgen in diesem Kontext vor allem als *Stärken-Schwächen-Profil*. Die Evaluation des Vorgesetztenverhaltens zur *Überprüfung der Führungsgrundsätze* liegt mit 13% auf Platz vier. Das Schlußlicht bildet mit 11% die Bewertung des Managerverhaltens im Kontext der *Teamentwicklung*. Auffallend ist, daß die *Selektion von Führungskräften* oder die *Kontrolle* nicht genannt werden. Betrachtet man allerdings den Punkt *Überprüfung der Führungsgrundsätze*, drängt sich der Eindruck auf, daß indirekt eine Art Überprüfung mittels einer Vorgesetztenbewertung durchgeführt werden soll. Da die Begriffe „Selektion" und „Kontrolle" negativ besetzt sind, reagieren befragte Geschäftsführer und Personalleiter daher u. U. sozial erwünscht und verneinen diese Funktionen, so daß hierüber kein realistisches Bild entsteht. Alle befragten Kreditinstitute geben an, Fragebogen oder Checklisten (Leitfaden zum Mitarbeitergespräch) mit vorgegebenen Kriterien oder Fragekomplexen zu verwenden.

Wenn es um die Ziele geht, die von Unternehmensleitungen und Personalmanagern mit einem Vorgesetzten-Feedback verfolgt werden, ist ein Vergleich mit den Sichtweisen der Betroffenen, die mit dem Verfahren konfrontiert werden, interessant. Hier bieten sich Auswertungen von Nachbefragungen zu einem Vorgesetzten-Feedback, durchgeführt bei Managern und wertenden Mitarbeitern, an. Eine neuere Untersuchung bei der BASF zeigt, daß 72% von 1500 befragten Mitarbeitern mit Personalverantwortung glauben, ihr Führungsverhalten durch die Rückmeldungen verbessert zu haben. Allerdings sehen dies nur 32% der befragten Mitarbeiter genauso. Und weitere 32% waren von den Folgen ihres Feedbacks sogar enttäuscht (*Lentz*, 1997).

Diese Nachbefragung macht deutlich, wie unterschiedlich die Erfolgseinschätzungen der Beteiligten sind und wie wichtig eine realistische Darstellung der Chancen und Grenzen einer Rückkoppelung von erlebtem Führungsverhalten ist. Beides kann durch eine sorgfältige Wahl und Konstruktion des Feedback-Instruments positiv beeinflußt und mittels einer durchdachten Planung des Vorgehens bei der Implementierung zielgerichtet gesteuert werden.

### 2.5.1 Besondere Anlässe für ein Vorgesetzten-Feedback

Vielfach wird der Wunsch nach der Einführung von Vorgesetzten-Feedback auch durch ein individuelles Unternehmensbedürfnis gespeist. Spezifische Anlässe können sein:

*1. Eine beabsichtigte Veränderung der Unternehmenskultur.* Über die Erhebung des Ist-Zustandes der Führungskultur sollen gezielte Veränderungen der Gesamtkultur initiiert und gemeinsam von Führungskräften und Mitarbeitern umgesetzt werden.

*2. Die Begleitung von Umgestaltungsprozessen.* Überall dort, wo eine Teamorganisation neu eingeführt werden soll, bietet eine gezielte Rückmeldung erlebten Führungshandelns die Chance, Führungskräfte auf eine neue Aufgabe optimal vorzubereiten.

*3. Der Aufbau und die Optimierung der Qualitätssicherung.* Im Rahmen der Qualitätssicherung spielen Führungskräfte eine herausragende Rolle. Um gleichbleibende oder bessere Qualität bei Produkten oder Dienstleistungen zu gewährleisten, gilt es, Führungsverhalten von Managern sowie deren Zusammenarbeit mit der Belegschaft zu verbessern.

*4. Durchführung von Betriebsklimauntersuchungen.* Im Rahmen von Betriebsklimauntersuchungen stellt die Zufriedenheit mit den Vorgesetzten eine wesentliche Facette dar. Sie spielt neben der Zufriedenheit mit der Arbeit, den Kollegen, der Bezahlung usw. eine herausragende Rolle.

Ist das Ziel von Feedback vor allem die Verbesserung der Zusammenarbeit oder stellt es für den bewerteten Manager den Einstieg in einen Entwicklungsprozeß dar, muß weniger Wert auf eine exakte und methodisch anspruchsvolle Konstruktion der gewählten Verfahren gelegt werden. Zugunsten des Dialogs zwischen Führungskraft und Feedback-Gebern steht damit vor allem der initiierte Prozeß im Vordergrund. Daher ist es auch wichtig, den richtigen Zeitpunkt für die Einführung von Vorgesetzten-Feedback zu wählen. Sind in einer Organisation Umgestaltungsprozesse im Gang, die nicht direkt mit einer Veränderung der Führungskultur zu tun haben, ist es wesentlich, folgende Punkte zu beachten: Wird die Rückkoppelung des erlebten Führungsverhaltens begleitend zu Umgestaltungs- oder Fusionsprozessen durchgeführt, etwa beim Abbau von Hierarchieebenen oder dem Zusammenschluß von zwei Unternehmen, zeigt die Praxis, daß Rückmeldungen verfälscht werden. Ursache dafür ist oft der Unmut über den Umbau der Organisation, vor allem bei direkt davon betroffenen Mitarbeitern. Vorgesetzten-Feedback kann zwar als unterstützende Methode bei Organisationsentwicklungsmaßnahmen eingesetzt werden, sollte aber sinnvollerweise zeitlich von allgemeinen Mitarbeiterbefragungen abgekoppelt werden. Erst nach Etablierung neuer Organisationsstrukturen bietet sich eine erfolgreiche Durchführung an, deren Ergebnisse aussagekräftig sind. Auch im Kontext von Mitarbeiterbefragungen, etwa zum Betriebsklima, muß auf solche Überstrahlungseffekte geachtet werden, da die bewußte Auseinandersetzung mit den u.U. schlechten Arbeitsbedingungen die Qualität der Rückmeldung in bezug auf das Führungsverhalten negativ beeinflussen kann. Eine Konzentration ausschließlich auf das Führungshandeln erhöht daher die Aussagekraft der Befragung beträchtlich, da diese Überstrahlungseffekte weitgehend vermieden werden.

## 2.6 Zielgruppen eines Vorgesetzten-Feedback

Unabhängig von Zuständigkeiten sind Rückkoppelungen erlebten Führungshandelns für alle Personen mit Führungsverantwortung möglich, wobei einzelne Manager als direkte Vorgesetzte oder nächsthöhere Führungskräfte bewertet werden. Aber auch die Beurteilung ganzer Führungsmannschaften einzelner Geschäftsfelder bzw. -bereiche ist denkbar, bis hin zu Einschätzungen des Gesamtmanagements eines Unternehmens. Bei der Gesamtbewertung, beispielsweise mittels standardisierter Fragebogen oder Gesprächsleitfäden, die mit Einstufungsskalen arbeiten, können Mittelwerte für alle Führungskräfte in einzelnen Dimensionen berechnet werden. Diese wiederum können mit den Ergebnissen aus Rückmeldungen einzelner Vorgesetzter verglichen werden. Der Abgleich läßt dann erkennen, ob der vom Feedback-Geber bewertete Vorgesetzte über oder unter dem Durchschnitt aller Führungskräfte liegt. Gleichwohl ist zu berücksichtigen, daß ein derartiger Vergleich nichts über ein ideales Führungsverhalten aussagt. Ein sehr hoher Einzelwert, der weit über dem Mittel aller anderen Führungskräfte liegt, bedeutet in einer Firma, deren Manager „wie die Axt im Walde führen", vielleicht nur, den „Einäugigen unter den Blinden" zu beschreiben.

# 3. Exkurs: Hilfe durch Führungstheorien bei der Gestaltung von Vorgesetzten-Feedback

## 3.1 Der Begriff „Führen"

Eine der vielen Definitionen lautet:

> Unter Führung wird die zielorientierte soziale Einflußnahme auf Personen verstanden, um eine gemeinsame Aufgabe zu bewältigen.

Führungstheorien versuchen, Ursachen, Prozesse, Bedingungen, Strukturen und Folgen von Führungshandeln zu beschreiben, zu erklären und Voraussagen über künftiges Verhalten von Führungskräften zu machen. Sie stellen Modelle der Führungswirklichkeit dar und wollen Klärungs- und Orientierungshilfe bieten.

Bereits 1903 bzw. 1911 entstanden erste Management- und Führungstheorien. F. W. Taylor begründete sein „Shop Management" und das „Scientific Management". Letzteres ist eine Führungstheorie für die industriell geführte Werkstatt. Max Weber baute diese Ansätze mit seiner Theorie der bürokratischen Organisation 1921 aus.

Die Human-Relations-Bewegung, deren Geburtsstunde mit den Untersuchungen von *Roethlisberger/Dickson* (1927–1939), den sogenannten „Hawthorne-Experimenten", festgesetzt wird, hob die Bedeutung der sozialen Beziehungen für den Führungserfolg in das Bewußtsein der Forscher.

Systematisch betriebene Forschungen im Führungsbereich beginnen mit den eigenschaftstheoretischen Studien in den fünfziger Jahren. Im Zentrum der Untersuchungen stand vor allem das Entscheidungsverhalten in Organisationen.

In den siebziger Jahren wird die Forschungssicht auf die situativen Bedingungen des Führens ausgeweitet. Die qualitativen Dimensionen, wie z.B. Unternehmens- und Führungskultur, rücken schließlich in den achtziger Jahren ins Blickfeld der Führungsforschung.

### 3.2 Einige Führungstheorien im Überblick

*3.2.1 Eigenschaftstheorie der Führung*

Zentrale und einflußreichste Variable im Führungsprozeß dieses Ansatzes ist die Führungskraft mit ihren *Persönlichkeitseigenschaften*. Diese sind danach die entscheidenden Einflußgrößen für Erfolg oder Mißerfolg im Führungsprozeß. Sie beinhalten ererbte oder im Verlauf der Erziehung erworbene Eigenschaften. Die Eigenschaftstheorie gehört zu den ältesten Führungstheorien und entspringt den naiven Erklärungsansätzen der Alltagserfahrung. Eigenschaften, die nach diesem Ansatz Erfolg versprechen, sind beispielsweise *Intelligenz, Durchsetzungsvermögen, Selbstbewußtsein sowie die Körpergröße*. Mißerfolg wird dagegen Persönlichkeitszügen wie *Labilität, mangelnde Belastbarkeit oder starke Gefühlsregungen* zugeschrieben.

Sogenannte *charismatische Theorien* betonen zudem die Ausstrahlung von Führungspersönlichkeiten, die einen starken Einfluß auf Gefühle und Einstellungen von Geführten nähmen.

*3.2.2 Tiefenpsychologische Führungsmodelle*

Sie gründen sich auf die tiefenpsychologischen Theorien von Freud, Adler und Jung. Die Sichtweisen dieser Theoretiker führen zu Typologien, in denen Führungskräfte in unterschiedliche Typen eingeteilt werden. In

– den schizoiden Typ (tüchtiger Vorgesetzter),
– den depressiven Typ (beliebter Führer),

- den rigiden Typ (zwanghafter Vorgesetzter),
- den neurotischen Typ (launischer Manager) und
- den unkritischen Typ (untertänige Führungskraft).

Häufig finden sich tiefenpsychologische Typenlehren auch in neueren Führungstheorien in Form von Analogien zu den Rollen „Vater", „Held", „Kämpfer" usw., die für Manager Identifikations- und Projektionsmöglichkeiten bieten sollen.

Voraussagen für den Führungserfolg mittels einer derartigen Typisierung sind jedoch nicht möglich. Vielmehr bieten psychologische Typenlehren ausschließlich Erklärungen für das Zustandekommen bestimmten Verhaltens.

### 3.2.3 Entscheidungstheoretische Ansätze

Entscheidungtheoretische Konzepte basieren auf mathematischer Genauigkeit und berechenbaren Nutzenerwartungen. Sie beschreiben Führungssituationen als stark vernetzt und komplex. In ihnen müssen Führungskräfte unterschiedlichen Elementen und Bedingungen gerecht werden. Durch ein formalisiertes Vorgehen soll die Güte der Führungsentscheidung verbessert werden. Für Führungsmodelle diesen Typs gibt es keinen idealen Führungsstil, vielmehr wird angenommen, daß ein Manager Problemlösungen mit unterschiedlich starker Beteiligung der Mitarbeiter herbeiführen kann. Im Modell von Vroom (vgl. *Vroom*, 1974) stehen einem Vorgesetzten beispielsweise fünf mögliche Entscheidungsvarianten zur Verfügung. Sie reichen von der Entscheidungsvariante A I (die Führungskraft löst das Problem selbst) über das Besprechen des Problems mit den betroffenen Mitarbeitern (Variante C I) bis zum Gruppenentscheid, bei dem der Vorgesetzte als Moderator im Team fungiert und die gefundene Gruppenlösung akzeptiert (Variante G II).

### 3.2.4 Ansätze, die den Mitarbeiter ins Zentrum rücken

#### 3.2.4.1 Weg-Ziel-Theorien der Führung

Führungsverhalten und die Arbeitszufriedenheit der Mitarbeiter werden in diesen Theorien als Einheit betrachtet. Vorgesetzte müssen nach dem Verständnis dieser Modelle dafür sorgen, daß Aufgabenstellungen und Ziele von Tätigkeiten klar und verständlich sind. Schwierigkeiten, die die Aufgabenbewältigung oder Zielerreichung behindern, müssen erkannt und bereits im Vorfeld beseitigt werden. Die persönliche Zufriedenheit der Geführten und deren Bedürfniserfüllung sind durch den Vorgesetzten zu fördern. Daher soll das Führungsverhalten durch Respekt und Anerkennung gegenüber der geleisteten Arbeit der Mitarbeiter geprägt sein. Führungskräfte haben vor allem auf folgende Variablen Einfluß zu nehmen:

– die Bedeutung und den Wert eines Arbeitsergebnisses;
– die Anerkennung oder Belohnung, die aus einer erfolgreichen Aufgabenbewältigung oder dem Arbeitsprozeß resultiert;
– die Wahrscheinlichkeit, daß der erbrachte Einsatz bzw. die Leistung zu Belohnungen führen.

Weg-Ziel-Theorien der Führung gehen von einer individuellen bzw. kollektiven Nutzenerwartung einzelner Mitarbeiter aus, die zum Handeln motiviert. Unter „Nutzen" wird in diesen Ansätzen beispielsweise eine mögliche *Anerkennung* durch den Vorgesetzten, mehr *Gehalt*, eine denkbare *Beförderung* u.a.m. gesehen. Handeln im Sinne der Arbeitsgruppe und zu deren Erfolg geschieht danach nur, wenn ein *individueller, direkter* oder *indirekter Vorteil* für den Mitarbeiter erkennbar ist. Die Schwierigkeit für einen Vorgesetzten besteht nun allerdings darin, konkret zu wissen, *welche* Werte, Bedürfnisse und Motive die geführten Mitarbeiter haben und welche Prioritäten sie bei deren Befriedigung setzen.

### 3.2.4.2 Attributionstheorien der Führung

Menschen schreiben den Ergebnissen ihres Verhaltens oder dem anderer Menschen Ursachen zu. Mit diesen Zuschreibungen oder Attributionen setzen sich die Attributionstheorien auseinander. Mit Blick auf das Verhältnis Vorgesetzter/Mitarbeiter sagen diese Theorien, die mit einschlägigen Studien untermauert sind, bestimmte Handlungstendenzen von Führungskräften voraus. Im Extrem werden gemäß diesen Zuschreibungsmodellen für *schlechte Arbeitsergebnisse* die Mitarbeiter verantwortlich gemacht. Ursachen für *Erfolg oder Mißerfolg* werden bei diesen Modellen weniger in situativen oder organisatorischen Bedingungen gesucht als in persönlichen Fähigkeiten und Eigenschaften von Mitarbeitern. Verfügt der Vorgesetzte über langjährige Führungserfahrung oder sind periodische und anlaßbezogene Mitarbeitergespräche im Unternehmen die Regel, reduziert sich diese Neigung allerdings sehr stark. Häufig wendet sie sich sogar ins Gegenteil. Zuschreibungsmodelle helfen zwar, bestimmte Verhaltensweisen im Umgang zwischen Managern und Beschäftigten zu erklären, lassen aber keine Prognosen über künftiges Führungsverhalten zu.

### 3.2.5 Führung und soziale Lerntheorie

Unter Lernen wird in der Psychologie jegliche Verhaltensänderung verstanden. Individuelles Verhalten wird nach der sozialen Lerntheorie insbesondere durch *Erfahrung* etabliert. Dabei spielt das *System der Belohnung und Bestrafung* für ein bestimmtes Verhalten eine herausragende Rolle. Es sagt aus, mit welchen Wahrscheinlichkeiten eine Person dieses Verhalten künftig wieder zeigen oder unterlassen wird. Das Aussprechen von Anerkennung durch den Vorgesetzten einem Mitarbeiter gegenüber wird die Wahrscheinlichkeit deutlich erhöhen, daß der Mitarbeiter eine bestimmte Handlung, für die er gelobt wurde, künftig wieder mit gleicher Anstrengung und Qualität ausführen wird. Wichtig ist dabei, daß die auf die Handlung folgende Belohnung für den Geführten auch eine Befriedigung eines spezifischen Bedürfnisses darstellt. Führungskräfte müssen also, entsprechend der Sichtweise der sozialen Lerntheorie, *Bedürfnisse* und *Motive* ihrer Mitarbeiter kennen, um situationsgerecht Rückmeldungen geben und soziale Verstärker einsetzen zu können. Handlungsspielraum mit viel Selbstkontrolle sowie verstärktes Delegieren sind Voraussetzungen für diese Methode im Rahmen des Vorgesetztenverhaltens.

### 3.2.6 Reifegradtheorie der Führung

*Hersey/Blanchard* (1977) entwickelten ein eingängiges Führungsmodell, das auf den Resultaten der sogenannten Ohio-Studien (*Fleishman*, 1957) gründet und eine dritte Einflußvariable neben der *Mitarbeiter- und Aufgabenorientierung* vorsieht. Diese zusätzliche Variable ist *der Reifegrad des Mitarbeiters* der für die Wahl eines effektiven Führungsstils ausschlaggebend ist (vgl. *Brinkmann,* 1994). Der Begriff „Reifegrad" beinhaltet zwei Facetten, zum einen die *fachlichen Fähigkeiten und Fertigkeiten,* das Wissen, aber auch die *Erfahrungen* der Geführten. Zum anderen ihr *Engagement,* also die Bereitschaft zur *Übernahme von Verantwortung*. Je nach Reifegrad des Mitarbeiters wählt die Führungskraft ihren Führungsstil (Unterstützen, Anleiten, Delegieren usw.). Damit rücken bei der Reifegradtheorie die Eigenschaften des zu führenden Mitarbeiters in das Zentrum der Betrachtung und nicht das Verhalten des Vorgesetzten.

### 3.2.7 Führungstheorien, die die Position betonen

Diese Theorien gehen davon aus, daß ökonomischer Druck, der durch institutionelle Rahmenbedingungen geschaffen wird, häufig stärkeren Einfluß auf das Führungsverhalten von Managern ausübt als pädagogisch-psychologische Beeinflussungsstrategien. Letztere, so die Hypothese, ließen diese Umfeldbedingungen weitestgehend unberücksichtigt.

### 3.2.7.1 Machttheoretische Modelle

In der Führungsforschung haben die machttheoretischen Ansätze große Bedeutung erlangt. Ihre Aussagen werden z.T. jedoch als zu generalisierend empfunden. Der Hauptkritikpunkt an diesen Modellen: Sie berücksichtigten zu wenig die langfristigen Beziehungen zwischen Führungskraft und Mitarbeiter. Ansätze dieser Art unterscheiden ausgeübte Macht durch Führungskräfte nach *Machtquellen, Reichweite, Kosten* sowie *Machtgrundlagen*. Diese Faktoren seien es, die einen Führungsprozeß nachhaltig beeinflußten. Formen der Macht manifestierten sich beispielsweise in der *Amtsautorität,* der *Experten-, Belohnungs- oder Bestrafungsmacht*. Differenziert wird zwischen Führungskräften, die ihre Macht im Verhältnis zu den Geführten einsetzen, und solchen, die darauf verzichten.

### 3.2.7.2 Die Rollentheorie

Die Rollentheorie geht davon aus, daß die Rolle eines Managers vor allem durch die Erwartungen sogenannter Rollensender definiert wird. Rollensender haben Erwartungen an das Verhalten des Positionsinhabers und möchten diese in ihrem Sinne realisiert wissen. Mitarbeiter, Geschäftsführung, Betriebsrat, Kollegen usw. sind solche Rollensender. Aber auch der Rolleninhaber selbst ist Sender von Erwartungen an seine eigene Rolle. *Führungserfolg* oder *-mißerfolg* wird damit von der Definition der Erwartungen der Rollensender abhängig. Existieren keine formalen Rollendefinitionen, wie sie in *Stellenbeschreibungen* und *Anforderungsprofilen* niedergelegt sind, so kann es zur *Rol-*

*lenmehrdeutigkeit, Rollenunsicherheit* oder einem *Rollenkonflikt* kommen.

Weiterhin nimmt die Rollentheorie an, daß sich in jeder Gruppe, also der Arbeitsgruppe, dem Team, der Abteilung etc. bestimmte Rollen herausbilden, etwa die des informellen Führers. Diese Rolle wird i.d.R. durch eine Person eingenommen, die das Vertrauen der anderen besitzt. Der *informelle Führer* befriedigt die psychologischen Bedürfnisse der Teammitglieder. Er ist der *Meinungsbildner,* der die anderen stark beeinflußt und auch als nicht gewählter Sprecher Forderungen gegenüber dem Vorgesetzten vertritt.

Beides, die Rollenstruktur der Arbeitsgruppe und die Erwartungen der Rollensender an den Vorgesetzten, bestimmen nach dieser Theorie das Miteinander dieser Personen sehr stark. Damit ist die Rollentheorie ein fruchtbarer Ansatz für eine entsprechende Analyse und Diagnose der Einstellungen und Verhaltensweisen von Führungskräften im Umgang mit Mitarbeitern, indem Erwartungen der Geführten mit denen der Führungskräfte abgeglichen werden.

# 4. Der Wandel der Führungsrolle

Die erfolgreiche Erfüllung einer Führungsaufgabe ist im Vergleich mit den letzten fünfzehn Jahren schwieriger geworden. Im strukturellen Bereich haben *flachere Hierarchien* und eine *zunehmende Dezentralisation von Organisationen* die Rahmenbedingungen verändert. Diese Veränderungen spiegeln Anpassungsprozesse der Unternehmen an den drastischen Wandel der Markt- und Wettbewerbsverhältnisse und die fortschreitende technologische Entwicklung wider. Sie haben bereits zu einem tiefgreifenden Wandel in den *Produktions- und Informationsstrukturen* von Unternehmen geführt und schreiten weiter rasch voran.

Aufgaben müssen bewältigt werden, die immer komplexer vernetzt sind. Kunden sind aufgeklärter und wünschen Transparenz sowie Orientierung bei Kaufentscheidungen und der Inanspruchnahme von Dienstleistungen. Damit wird ein Qualifikationswandel der Mitarbeiter sowie eine zunehmende Spezialisierung von Tätigkeiten bei gleichzeitiger Integration und Verzahnung von Aufgabengebieten (z.B. Teamarbeit) notwendig. Diese Entwicklungen führen zu einem verstärkten Zwang zu mehr Delegation von Kompetenz und Verantwortung an die Mitarbeiter. *Akzeptanz, Verantwortung* und *Wertschätzung* durch Führungskräfte sowie eine verstärkte *Mitsprache* und *Autonomie* werden durch den gesellschaftlichen Wertewandel, insbesondere bei jüngeren Mitarbeitern, auch stärker am Arbeitsplatz eingefordert.

Der Grundsatz der gemeinsamen Verantwortung von Führungskräften und Mitarbeitern bei der Erfüllung der Arbeitsaufgabe und deren Gestaltung rückt damit in den Mittelpunkt eines neuen Führungsverständnisses. Der Vorgesetzte wird zunehmend zum „Dienstleister" seiner Mitarbeiter, der als „Moderator" klärend in Entscheidungsprozesse eingreift oder als „Coach" im Sinne des Spielertrainers die Rahmenbedingungen für Leistung und Erfolg schafft (*Brinkmann*, 1994). Dieses neue Verständnis drückt sich bereits heute in vielen innovativen Unternehmenskulturen aus. Dort findet sich in Führungsgrundsätzen schon die bewußte Verwendung des Begriffs „Mitverantwortliche" anstelle von „Mitarbeiter". An Führungskräfte des neuen Typs werden somit Aufgaben von ihren Mitarbeitern „delegiert". Dazu gehören z.B. die Organisation der Arbeit, die Vertretung des Bereichs, der Abteilung oder des Teams nach außen, aber auch das Fällen von Entscheidungen, die das Arbeitsteam voranbringen, von diesem aber selbst nicht getroffen werden können, fällt darunter. Damit wird die Rolle des Vorgesetzten immer mehr zu der eines Spezialisten für das Führen. Sie unterscheidet sich nur noch wenig von der anderer Spezialistenrollen. Die Frage nach den künftigen Führungsinhalten ist damit zwar beantwortet, nicht jedoch die nach deren praktischer Umsetzung. Welche konkreten Anforderungen muß nun ein Vorgesetzter erfüllen, um erfolgreich zu führen und eine befriedigende Beziehung zu seinen Mitarbeitern zu entwikkeln? Und welche Verhaltensweisen und Qualifikationen sind sinnvoll?

Hilfe zur Beantwortung kann ein Blick auf die wichtigsten Führungstrends bringen. Folgende Entwicklungen sind auszumachen:

*1. Mehr Verantwortung für Mitarbeiter.* Gefragt ist partizipatives Führen, um ein selbständiges Arbeiten mit entsprechender Verantwortung der Mitarbeiter zu fördern. Dadurch verbessern sich Motivation und Arbeitszufriedenheit der Geführten. Dieses Ermächtigen der Mitarbeiter findet seinen Niederschlag auch im sogenannten „Empowerment-Konzept", das Mitarbeitern mehr Verantwortung und Handlungsspielraum zuweist, um ihr Engagement und die Kundenzufriedenheit zu erhöhen.

*2. Hierarchiefreie Kommunikation.* Manager brauchen offene, konstruktive Kritik durch Vorgesetzte, Kollegen, Mitarbeiter und das weitere Umfeld, um sich in einer immer komplexeren Arbeitswelt zurechtzufinden. Schließlich müssen sie ihr Verhalten auch korrigieren können, damit sie den höheren Ansprüchen, bedingt durch den Wandel im Führungsverständnis, gerecht werden.

*3. Länderübergreifende Firmenkulturen.* Insbesondere Großkonzerne entwickeln individuelle, transnationale Unternehmensidentitäten. Für Führungskräfte heißt dies, eine gemeinsame Wertekultur und Corporate identity zu schaffen und zu leben.

*4. Total Quality Management (TQM).* Höchste Qualität durch veränderte Wertschöpfungsketten mittels flacher Hierarchien, stärkere Kundennähe, Teamorganisation, autonome Projektarbeit und das Lernen aus Fehlern erfordert neue Führungskompetenzen, die regelmäßig hinterfragt und geprüft werden müssen.

*5. Teamarbeit.* Interdisziplinäres Denken und Handeln wird bei zunehmender Aufgabenkomplexität und Abhängigkeit, etwa in Projektteams, zum Muß. Mit autonomen und teilautonomen Arbeitsgruppen gibt es seit einigen Jahren positive Erfahrungen. So zeigen sich dort beispielsweise geringere Fehlerquoten, ein verbesserter Informationsfluß, höhere Leistungsmotivation, stärkere Identifikation mit der Arbeit und eine höhere Produktivität. Die Fähigkeit, im Team zu arbeiten und ein solches zu fordern und zu fördern, wird damit zu einer entsprechenden Schlüsselqualifikation für Vorgesetzte.

*6. Umgang mit Chaos.* Unsere Welt ist immer weniger analytisch bestimmbar. Erfahrungen der Vergangenheit bringen wenige Erkenntnisgewinne für die zukünftige Entwicklung (z.B. Internet). Die Zukunft ist daher kaum prognostizierbar. Entscheidungen unter Unsicherheit und die Bereitschaft, Risiken einzugehen, sind neue Herausforderungen für Führungskräfte und kennzeichnen deren Aufgabe immer stärker.

7. *Systemisches, ganzheitliches Denken.* Für zunehmend schlechter bestimm- und strukturierbare Probleme ist künftig ein ganzheitlicher oder systemischer Denkansatz notwendig. Das vorrangige Denken in Kausalketten, das nur Haupteffekte und keine Nebenfolgen beachtet, wird sich künftig als Manko für eine Führungskraft erweisen. Vernetztes, prozeßhaftes Denken, das Mitarbeiter als Elemente eines Gesamtsystems mit unterschiedlichen Beziehungen begreift, wird Vorgesetzten in ihrem Führungshandeln Vorteile bringen.

8. *Technologische Entwicklung.* Für Führungskräfte bedeutet diese Entwicklung die Bereitschaft, sich lebenslang zu bilden und zu lernen. Aber auch zu akzeptieren, daß sie lediglich ein generelles Wissen auf dem Gebiet z.B. der neuen Technologien entwickeln können, was bedeutet, Mitarbeitern mit fundierteren Kenntnissen in diesem Feld u.U. unterlegen zu sein. Die Informationsüberflutung durch die neuen Technologien wirft aber auch die Frage nach der Informationsverarbeitung auf. Was ist wichtig, was nicht? Was muß aufgenommen und verarbeitet werden? Die Unfähigkeit, solche Informationsmengen zu managen, führt zu Ängsten und Verdrängungen.

9. *Führungshandeln wird komplexer und dynamischer.* Die wachsende Komplexität von Aufgaben und Problemen in der Arbeitswelt macht es zunehmend schwieriger, alle Vorgänge zu durchschauen und zu kontrollieren. Damit steigt der Druck, immer schneller zu reagieren, wodurch die Gefahr zunimmt, die erstbeste Lösung zu wählen, weil adäquate Handlungsstrategien fehlen.

## 4.1 Konsequenzen des Wandels zukünftigen Führungsverhaltens

Normalerweise wird „richtiges" und „wichtiges" Führungsverhalten aufgrund des Erfolges und der Effizienz eines Managers bestimmt. Bereits in den fünfziger Jahren haben Forschungen ergeben, daß insbesondere zwei Anforderungsdimensionen für den Führungserfolg wesentlich sind. Sie werden mit *Aufgaben- und Mitarbeiterorientierung* bezeichnet und fanden ihren Niederschlag im *Zwei-Faktoren-Modell* der Ohio-Forscher (*Fleishman* et al., 1955). Die Resultate konnten in zahlreichen empirischen Untersuchungen repliziert werden (*Wunderer*, 1980) und haben nach wie vor ihre Gültigkeit. Gleichwohl dürfen sie nicht isoliert als einzig richtige Dimensionen gehandelt werden, wie dies etwa im Modell von *Blake/Mouton* (Managerial Grid, 1964) der Fall ist, das situative und unternehmenskulturelle Variablen vernachlässigt. Da Führen vor allem ein sozialer Interaktionsprozeß ist, dürfen die Erkenntnisse der Interaktionsforschung nicht ignoriert werden. Menschliches Verhalten und somit auch Führungsverhalten ist nach diesen Forschungen immer ein Produkt aus persönlichen und situativen Variablen. Schließlich wird das Führungshandeln noch durch die *spezifischen kulturellen Bedingungen der Organisation*, ihre gültigen Werte, Normen, Geschichten und Legenden geformt. Alle drei Faktoren beeinflussen das Verhalten aller Organisationsmitglieder nicht unerheblich (vgl. Abb. 8 auf S. 54).

Damit sind Aufgaben- und Mitarbeiterorientierung übergeordnete Anforderungen an einen Manager, die aufgrund der beschriebenen neuen Entwicklungen im Führungsbereich einer entsprechenden „Entblätterung" und Ergänzung bedürfen. *Aufgabenorientierung* (Initiating Structure) beinhaltet Verhaltensweisen, die die Aufgabe oder das Ziel nicht aus den Augen verlieren. Sie bezieht sich auf die Strukturierung, Definition und Klärung des Ziels sowie der Wege dorthin, auf die Leistungsmotivierung sowie die

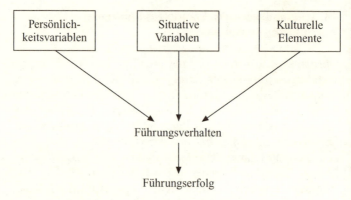

**Abb. 8:** Komponenten des Führungsverhaltens und -erfolges

Kontrolle der Mitarbeiter und deren Arbeitsergebnis. Sie steht in einem engen positiven Zusammenhang mit der Leistungserbringung von Mitarbeitern. *Mitarbeiterorientierung* (Consideration) zeigt sich in der Berücksichtigung der Bedürfnisse der Mitarbeiter durch die Führungskraft. Hier finden sich Verhaltensweisen wie Wertschätzung und Respekt, Offenheit und Vertrauen, Zugänglichkeit und wechselseitige Kommunikation, aber auch menschliche Wärme. Mitarbeiterorientierung reduziert Absentismus, Krankheitstage und Unfallhäufigkeit und sorgt für das Ansteigen der Arbeitszufriedenheit.

Operationalisiert man diese beiden Dimensionen und ergänzt sie durch die Schlüsselqualifikationen für Führungskräfte aus der Sicht heutiger Fachliteratur, ergibt sich folgende Beispielliste an Sollforderungen, die unabhängig von Position und Funktion sind. Danach sollten Führungskräfte über folgende Fähigkeiten und Fertigkeiten verfügen:

– Zielorientierung
– Entscheidungsfähigkeit

- Teamfähigkeit (z.B. Integrationsfähigkeit, „Spielertrainer")
- Kommunikationsfähigkeit (z.B. Gesprächsführung, aktives Zuhören)
- Fähigkeit zur konstruktiven Konfliktbewältigung (z.B. Konflikte kooperativ bewältigen, „Gewinner-Gewinner-Prinzip")
- Problemlösefähigkeit, insbesondere für komplexe Problemstellungen
- Lern- und Veränderungsfähigkeit bzw. -bereitschaft (z.B. eigene und fremde Denkhaltungen und Glaubenssätze verändern)
- Kreativität (z.B. neue Wege einschlagen, neue Produkte kreieren)
- Fähigkeit, systemisch zu denken und zu handeln (z.B. Erkennen von Vernetzungen und Abhängigkeiten)
- Konzeptionelle Fähigkeiten (z.B. planen und gestalten können)
- Sozialkompetenz (z.B. Einfühlungsvermögen zeigen)
- Coachingfähigkeiten (z.B. Training on the job durchführen können, Unterstützung und Hilfestellung geben)
- Beweglichkeit im Denken und Handeln (z.B. sich auf veränderte Bedingungen und neue Personen rasch einstellen können);
- Aufgeschlossenheit (z.B. akzeptieren können, daß Mitarbeiter andere Werte haben und leben);
- positives Denken (z.B. in Chancen und nicht in Problemen denken)
- Entscheidungen unter Unsicherheit treffen (z.B. verlangen dynamische und komplizierte Entwicklungen, Entscheidungen ohne 100%ige Sicherheit zu treffen)
- Selbstmanagement (z.B. Streß bewältigen und Zeitsouveränität zeigen).

Zusammenfassend läßt sich festhalten, daß neben der Fachkompetenz folgende Kompetenzen künftig stärker gefordert sind: *Personale Kompetenz* (z.B. Selbstorganisation), *Methodenkompetenz* (z. B. Moderationstechniken), *Sozialkompetenz* (z. B. Kommunikationstechniken) sowie *Managementkompetenz* (z. B. Coaching-Techniken)

## 4.2 Das neue Führungsverständnis in modernen Managementtheorien

Managementtheorien, die den Gedanken der Kundenzufriedenheit sowie eine Kostenminimierung in den Mittelpunkt ihrer Aussagen stellen und damit eine besondere Relevanz für das Führungsverhalten von Vorgesetzten haben, sind das *Re-Engineering*, das *Total Quality Management (TQM)*, das *Kaizen* sowie das *Lean Management*.

### 4.2.1 Re-Engineering

Das Re-Engineering hat den totalen Umgestaltungsprozeß einer ganzen Organisation zum Ziel, indem man das Unternehmen „neu erfindet". Ein derartiger Umgestaltungsprozeß fordert die Arbeitnehmer und Führungskräfte in besonderer Weise. Das einzig Beständige bei diesem Vorgehen ist der Wandel. Veränderung geht nicht schrittweise voran, sondern ist eine Art Revolution, die konsequentes Vorgehen aller bei der Umstrukturierung verlangt. Vorgesetzten-Feedback dient hier im Vorfeld dazu, die Wunschvorstellungen der Arbeitnehmer für *künftige Grundsätze* der Zusammenarbeit zu erheben, die *Einbindung der Mitarbeiter* durch Führungskräfte in den Umgestaltungsprozeß zu kontrollieren und nach einem angemessenem Zeitraum die neuen *Führungsstrukturen zu bewerten*. Führung spielt in diesem Ansatz als Gestalterin der Unternehmenskultur eine besonders wichtige Rolle.

## 4.2.2 Total Quality Management (TQM)

Wenn es heute um Qualität, Kundenorientierung oder prozeßorientiertes Führen geht, steht der Begriff Total Quality Management (TQM) im Mittelpunkt. Er beinhaltet nicht nur Qualitätsmaßnahmen wie etwa Qualitätskontrollen, sondern alle organisierten Aktivitäten, die einer Qualitätsverbesserung dienen. Jeder, vom Manager bis zum ausführenden Mitarbeiter, ist darin involviert. TQM stellt mit dem Ziel, einen kontinuierlichen Verbesserungsprozeß voranzutreiben, gemeinsam mit dem *Kaizen* und *dem Lean Management* die umfassendste Form einer Qualitätskontrolle dar. Dabei ist der Weg zu mehr Qualität das Ziel, und nicht die einzelnen Schritte der Umsetzung. Der konzeptionelle Rahmen, bestehend aus Leitlinien, Strategien und vernetzten Konzepten, bestimmt die Ziele. Mit diesen Umfeldbedingungen sollen bei Mitarbeitern das erforderliche *Qualitäts- und Problembewußtsein* geschaffen und ihnen Problemlösemethoden vermittelt werden. Die Erwartungen des Kunden hinsichtlich Qualität, die in die Verhaltens- und Produktionsstandards einfließen, spielen beim TQM eine sehr große Rolle. Das vernetzte und ganzheitliche Denken, das nach den Spielregeln des TQM in einem Unternehmen vorangetrieben werden muß und zu mehr *prozeß- und kundenorientiertem Denken* führen soll, verlangt daher eine Optimierung des Informationsflusses und ein Feedback zwischen den verschiedenen Hierarchieebenen. Ebenso wichtig ist es aus Sicht des TQM, ein Qualitätsbewußtsein für das interne Geflecht des Produktionsprozesses zu schaffen. Im TQM ist jeder der nachfolgenden Bearbeiter eines Produktes oder einer Dienstleistung ein „interner Kunde", der letzten Endes für die Qualität der Arbeit seines Vorgängers mitverantwortlich ist. Dieses interne Qualitätsbewußtsein ist sinnvollerweise auch auf den Führungsprozeß zu übertragen. Damit wird beim internen Kunden, dem Mitarbeiter, auch die Qualität des Führungsprozesses ins Bewußtsein gebracht. Somit stehen

Kunden- und Mitarbeiterzufriedenheit in diesem Modell auf einer Ebene.

### 4.2.3 Kaizen

Kaizen ist eine Strategie zur kontinuierlichen Verbesserung von Produkten. Abläufe und Prozesse, die zur Entwicklung, Herstellung und zum Vertrieb dieser Produkte erforderlich sind, sowie die kontinuierliche Verbesserung aller Aspekte menschlichen Handelns im Unternehmen, stehen dabei im Mittelpunkt. Dieser Prozeß, im japanischen Sprachgebrauch mit „Kaizen" bezeichnet und von Masaaki Imai in Japan mit Erfolg verbreitet, steht für *Produktivitäts- und Qualitätssteigerung* sowie einen *optimalen Ablaufmechanismus* und *Kostensenkung* in einer Organisation. Es ist im Vergleich zum TQM stärker *motivations- und zufriedenheitsorientiert* ausgerichtet. In die Kaizen-Strategie ist die gesamte Belegschaft mit eingebunden, die in Gruppenarbeit, zusammen mit hohem persönlichem Einsatz, die Produktpalette und die Dienstleistungsprozesse ständig verbessern sollen. Probleme sollen frei von Furcht und negativen Auswirkungen eingestanden und schließlich eine Verbesserung zum Wohle des Betriebes herbeigeführt werden. Auch bei Kaizen ist das übergeordnete Ziel eine verbesserte Qualität, die beim einzelnen Individuum in erster Linie durch eine entsprechende

- Arbeitsmoral,
- Disziplin,
- Zeitsouveränität,
- Entwicklung von Fähigkeiten und Fertigkeiten,
- Partizipation aller Beteiligten,
- effektive Kommunikation und ein
- permanentes horizontales und vertikales Rückmelden

erreicht wird. Nach *Imai* (1993, S. 44) hat eine Führungskraft, die das prozeßorientierte Denken des Kaizen verinnerlicht hat, auf diese Punkte besonders zu achten. Insofern nehmen Führungskräfte im Kaizen auch die Rolle von *Dienstleistern* ein, die vor allem Hindernisse im Kaizen-Prozeß aus dem Wege zu räumen haben. Weit verbreitete Praxis beim Kaizen sind „Fehlermeldekarten" zur Rückmeldung von Führungsfehlern (siehe Kapitel 13).

*4.2.4 Lean Management*

Lean Management ist das Zusammenwirken aller Unternehmensbereiche in einer optimal abgestimmten Wertschöpfungskette, die oberste Priorität besitzt. Lean Management ist *prozeßorientiert* und möchte Hierarchien zugunsten des Teamgedankens abbauen, vernetztes und ganzheitliches Denken fördern, die Eigenverantwortung der Arbeitnehmer erhöhen sowie die Beziehung zum Kunden stärken. Die ausgeprägte Kundenorientierung als steuerndes Element dieses Modells, die vom Zulieferer über den Mitarbeiter des eigenen Unternehmens bis hin zum Kunden reicht, wird durch eine konsequente Kostenorientierung ergänzt. Ziel letzterer ist es, den personellen, zeitlichen, materiellen und instrumentellen Aufwand möglichst gering zu halten, um damit eine Prozeßorientierung zu erreichen. Die Prozeßorientierung führt dazu, daß sich Mitarbeiter und Teams verstärkt Ziele selbst stecken und diese selbstorganisiert erreichen müssen. Wege dorthin sollen von ihnen selbst optimiert und Fehlerquellen beseitigt werden. Dazu werden Standards definiert und ein kontinuierliches Feedback gefordert. Vorgesetzte haben in diesem Modell vor allem die Funktion von *Katalysatoren,* die vorausdenken und -planen und somit die notwendigen Schritte für die Selbstorganisation der Mitarbeiter ermöglichen.

Zusammenfassung: Ein Feedback für Führungskräfte ist bei den beschriebenen, prozeßorientierten Managementansätzen fast zwingend notwendig, wenn Mitarbeiter konsequent und verantwortlich einbezogen werden sollen. Verantwortliche Manager sind darin zu unterstützen, die Qualität ihres Handelns zu verbessern, um Führungsprozesse effektiver zu gestalten. Entsprechende Instrumente zur Messung der Führungsqualität müssen entwickelt und eingesetzt werden, damit der theoretische Anspruch dieser Modelle nicht nur auf dem Papier steht. Wenn sie dann schließlich praktiziert werden, sind sie der beste „Humus", auf dem der Feedback-Gedanke aufgehen kann, da ein Bewußtsein für Optimierungen und Rückmeldeprozesse in den Köpfen der Belegschaft im Entstehen oder bereits vorhanden ist.

# 5. Gestaltung eines Vorgesetzten-Feedback

Am sinnvollsten ist es, beobachtbares Führungsverhalten von Vorgesetzten und dessen Wirkung rückzumelden. Dies gilt für alle Formen von Führungskräfte-Feedback. Wenn Manager sich, ihre Einstellungen oder Verhaltensweisen in den Rückmeldungen wiedererkennen, ist die Akzeptanz von Feedback am größten. Andererseits fällt es Mitarbeitern leichter, Handlungen ihrer Vorgesetzten zu zensieren, als abstrakte Dimensionen einzustufen. Da sich Führungsaufgaben in sehr viele Einzelaktivitäten aufteilen lassen, hängt es vor allem von den Unternehmenszielen ab, welche Kriterien für eine Rückkoppelung wichtig sind. In der Regel spielen dabei die Unternehmensleitbilder und die davon abgeleiteten Regeln der Zusammenarbeit, also Führungsleitlinien oder -grundsätze, eine zentrale Rolle. Beispiele für Verhaltensdimensionen, die aus solchen Grundsätzen abgeleitet werden können, sind *unternehmerisches Denken, organisatorische Fähigkeiten, kooperativer Führungsstil, Loyalität, Integrität, Initiative* u.a.m.

Organisationen, die nicht über „Spielregeln für die Zusammenarbeit" verfügen, also keine Führungsleitlinien haben, sollten diese zunächst erarbeiten und darüber einen Konsens in der Firma schaffen. Diese Regeln müssen mit der Unternehmensphilosophie vereinbar und für alle verbindlich sein. Die Philosophie macht grobe Aussagen über den *Unternehmenszweck, den Umgang mit dem Kunden*, beschreibt die *Beziehungen zur Umwelt* und *formuliert Gedanken über Zusammenarbeit im Betrieb* und anderes mehr. *Strategien der Marktbearbeitung* oder *Führungsgrundsätze* beschreiben diese Überlegungen auf einer konkreten Ebene und geben Handlungsanweisungen. Sie sind somit Voraussetzung für eine Verdeutlichung dessen, was von Führungskräften bei der Zusammenarbeit mit Mitarbeitern und Kollegen erwartet wird. Unklarheiten über Erwartungen hinsichtlich des Führungshandels werden beseitigt und ein gemeinsames Verständnis für betriebliche Werte, Normen und Ziele geschaffen.

*Werte, Einstellungen, Glaubenssätze* oder *Persönlichkeitseigenschaften* sind aufgrund von Akzeptanzproblemen, aber auch wegen der Schwierigkeit einer eindeutigen Meßbarkeit und Gültigkeit der Kriterien, meist nicht Gegenstand von Feedback. Ebensowenig *fachliche Fähigkeiten* und *Fertigkeiten eines Vorgesetzten*, da Mitarbeiter meist nur begrenzten Einblick in das gesamte Aufgabenfeld und den Verantwortungsbereich von Führungskräften haben. Obwohl Werte, Einstellungen und Glaubenssätze i.d.R. nicht beurteilt werden, wirken sich Rückmeldungen an veränderungsbereite Führungskräfte indirekt auf sie aus, weil die Betroffenen sie fast zwangsläufig reflektieren müssen, wenn sie etwas ändern möchten. Dagegen sind angeborene Persönlichkeitseigenschaften, wie etwa Intelligenz oder Temperament, nicht veränderbar.

Die Bewertung der inhaltlichen Bestandteile kann, wie bereits erwähnt, in Form der Erstellung eines *Fremdbildes* durch andere Organisationsmitglieder geschehen oder durch die Erstellung eines *Selbstbildes* seitens des Vorgesetzten. Fragen wie: *„Ist Ihr Vorgesetzter für Sie ansprechbar?"* müssen dann nur umformuliert werden: *„Sind Sie für Ihre Mitarbeiter ansprechbar?"* Wesentlich ist, daß die Rückmeldung der Fremdwahrnehmungen und die Konsequenzen daraus immer unter einem systemischen Ansatz diskutiert werden, da beispielsweise eine Verbesserung der Zusammenarbeit bei einem willigen und änderungsbereiten Vorgesetzten immer auch die Bereitschaft der anderen Organisationsmitglieder einschließen muß, für die er verantwortlich zeichnet. Nur wenn „Schlüssel und Schloß" zusammenpassen, kann sich die Tür zu mehr Offenheit und gegenseitigem Vertrauen öffnen.

## 5.1 Methodische Komponenten

*Domsch* (1995) zählt folgende methodische Komponenten auf:

*1. Bedeutsamkeit.* Alle gesammelten und gewerteten Informationen müssen für die Beurteilung des Führungsverhaltens bedeutsam sein.

*2. Verständlichkeit.* Die rückgemeldeten Inhalte müssen für den Feedback-Nehmer verständlich sein.

*3. Nachvollziehbarkeit.* Bewertungen, Schilderungen usw. sollen durch den Vorgesetzten nachvollzogen werden können.

*4. Informationsbeschränkung.* Um beim Feedback die Aufnahme- und Verarbeitungsfähigkeit des Managers nicht zu überfordern, sollte die Datenmenge beschränkt sein.

*5. Veränderbarkeit.* Feedback-Aussagen müssen Hinweise auf Einstellungs- und Verhaltensänderungen für den beurteilten Vorgesetzten beinhalten.

*6. Einordenbarkeit.* Der Führungskraft muß ein Bezugsrahmen zur Einordnung der Rückkoppelung zur Verfügung stehen. D.h., Beispiele müssen Sinn machen bzw. beschriebene Verhaltensdimensionen inhaltlich verständlich und nachvollziehbar sein.

*7. Offenheit.* Rückmeldungen zum Vorgesetztenverhalten sind Ausgangspunkte für Entwicklungsmaßnahmen und damit zeitlich begrenzte Aussagen.

*8. Respekt.* Das Feedback darf die persönliche Integrität der Führungskraft nicht verletzen und muß von Respekt sowie Achtung geprägt sein.

*9. Reziprozität.* Beide, Feedback-Geber und -Nehmer, müssen sich der Wechselwirkung des Führungsprozesses und der damit zusammenhängenden Verantwortung bewußt sein.

Obwohl das Hauptziel eines Vorgesetzten-Feedback in der Rückmeldung des erlebten Führungsverhaltens liegt und weniger in einer exakten Messung der vorgegebenen Dimensionen oder Kriterien, müssen gewisse Mindestvoraussetzungen geschaffen werden. Speziell Fragebogen sollten bestimmte meßtheoretische Voraussetzungen, die sogenannten Gütekriterien, erfüllen (*Lienert*, 1989). Unter *Gütekriterien* werden verstanden:

*Gültigkeit.* Die Gültigkeit oder Validität gibt an, wie genau ein Verfahren diejenigen Verhaltensweisen tatsächlich erfaßt, die zu messen es vorgibt. Im Zusammenhang mit dem Vorgesetzten-Feedback schlägt sich dieses Gütekriterium darin nieder, daß die Einschätzung des Beurteilers die vorgegebenen Bewertungskategorien relativ genau wiedergibt. Es gilt aber: Je genauer die Vorgaben für die Feedback-Geber, also je valider sie das Führungsverhalten abbilden, desto zuverlässiger wird das Verfahren sein.

*Zuverlässigkeit.* Dieses auch mit Reliabilität bezeichnete Gütekriterium sagt etwas über die Zuverlässigkeit eines Rückmeldeinstrumentes bei Wiederholung der Feedback-Prozedur aus. So müßte ein reliables Verfahren bei ein und derselben Führungsperson bei wiederholter Durchführung annähernd das gleiche Resultat erbringen. Die Zuverlässigkeit eines Verfahrens kann allerdings nur geschätzt werden. Völlig zuverlässig wäre eine Methode, wenn mit dem Ergebnis der bewertete Vorgesetzte fehlerfrei beschrieben würde. Es gilt: Je einfacher eine Beurteilung konstruiert und je enger die Einschätzungsmöglichkeiten sind, desto reliabler ist das Verfahren.

*Objektivität.* Sie bezeichnet das Ausmaß der Unabhängigkeit der einzelnen Rückmeldungen voneinander. Dies bedeutet, verschiedene Personen müßten beim gleichen Führungsverhalten zu annähernd gleichen Beurteilungen kommen. Dabei wird zwischen der *Durchführungs-, Auswertungs- und Interpretationsobjektivität* unterschieden.

*Durchführungsobjektivität.* Sie wird allgemein als problematisch angesehen, da trotz Standardisierung, insbesondere bei Fragebogen, Menschen unterschiedlich und selektiv wahrnehmen. Wahrnehmungsfilter beeinflussen das Rückmelden erlebten Führungshandelns. Solche Filter sind z.B. die Erziehung, die Erfahrung, das individuelle Wertesystem, die momentane Verfassung oder der kulturelle Hintergrund. Schulungen für Feedback-Geber können diese Einflüsse nur bedingt korrigieren.

*Auswertungsobjektivität.* Erfolgt das Feedback über einen standardisierten Fragebogen, dann läßt sich auch die Auswertung standardisieren. Die Bildung des arithmetischen Mittels und die Erstellung von Graphiken sind insbesondere mit moderner Software unproblematisch. Statistische Auswertungen ermöglichen es natürlich auch, die Resultate einzelner Führungskräfte im Vergleich zu Kollegen darzustellen.

Schwieriger wird dies bei anderen Verfahren, etwa einem Workshop, bei dem das Führungsverhalten des Vorgesetzten unmittelbar rückgekoppelt und diskutiert wird.

*Interpretationsobjektivität.* Diese Form der Objektivität versucht sicherzustellen, daß die Interpretation der Rückmeldungen von verschiedenen Personen auf gleiche Weise vorgenommen wird.

Generell können die genannten Voraussetzungen wie auch die sich daraus ergebenden Schwierigkeiten bei der Konstruktion und Durchführung eines Vorgesetzten-Feedback auf alle anderen standardisierten Feedback-Verfahren übertragen werden (vgl. auch *Crisand/Stephan*, 1994).

## 5.2 Form und Gestaltung von Vorgesetzten-Feedback

Unter Gestaltung werden die formalen Aspekte im Zusammenhang mit der Konstruktion einer Feedback-Methode zum erlebten Führungsverhalten von Vorgesetzten verstanden. Die Vorgehensweise ist durch verschiedene Merkmale gekennzeichnet, die die Gestaltung beschreiben. Die konkrete Form einer Vorgesetzten-Rückmeldung wird durch die inhaltlichen und methodischen Komponenten beschrieben.

### 5.2.1 Die Form

Die verbreitetste Form der Erfassung von Mitarbeiterurteilen ist die *schriftliche* in Gestalt eines Fragebogens. Sein Vorteil liegt in erster Linie in der *Anonymität* der Feedback-Geber. Die Schriftform und der Verzicht auf die Namensnennung erhöhen die Bereitschaft bei den Befragten – wenn das Verfahren allgemein akzeptiert ist –, offen und ehrlich zu antworten. Dennoch können sich die Beteiligten auch auf eine schriftliche Bewertung mit Namensnennung einigen. Dies ermöglicht es dem Vorgesetzten, bei Wahrung der Vertraulichkeit auf Mitarbeiter zuzugehen, offene Fragen zu klären oder Folgemaßnahmen zu besprechen. Besteht ein Zweifel an der Anonymität, bleibt die Rücklaufquote niedrig, Fragen werden nicht beantwortet oder Einstufungen nicht oder nur unvollständig vorgenommen. Die Anonymität dient dem Schutz der Feedback-Geber und Vorgesetzten. Auf lange Sicht ist es für eine lernende Organisation, die ein positives Führungsklima schaffen möchte, jedoch unabdingbar, diese Anonymität zu lockern, um den Aspekt der Dienstleistung durch die Führungskräfte stärker zu akzentuieren.

Die Einstufungen können durch eine Standardisierung der Fragen oder Aussagen vergleichbar gemacht werden. Die ökonomische Handhabung von Fragebogen ist mit Sicherheit ein Pluspunkt dieses Verfahrens: Viele Mitarbeiter können gleichzeitig ihre Bewertungen abgeben. Der Nachteil: Es besteht i.d.R. keine Möglichkeit der Rückfrage und damit der unmittelbaren Klärung einer Einstufung. Auch können sich aktuelle Probleme in der Zusammenarbeit, die nicht vom Vorgesetzten selbst zu verantworten sind, negativ auf die Wahrnehmung seines Handelns auswirken, ohne daß er die Chance hat, dazu Stellung zu nehmen.

*Mündliche Bewertungen* finden sich in *leitfadengestützten* und *themenzentrierten Interviews*, häufig im Rahmen von Mitarbeiterbefragungen, von externen Beratern durchgeführt. In *Dialogform* dominieren sie im *Mitarbeitergespräch*, während sie als *Aussprache* über das Führungsverhalten beispielsweise im Kontext von *Workshops* unter Anleitung von Moderatoren oft als Mischform aus schriftlicher (z.B. Flip-Chart, Mindmap, Metaplan) und mündlicher Interpretation ihren Niederschlag finden. Zwar sind die verbalen Einstufungen zeitaufwendiger, haben aber den Vorteil, daß nachgefragt oder um Präzisierung gebeten werden kann. Insbesondere dort, wo mehrere Mitarbeiter gemeinsam in einer offenen Atmosphäre mit dem Chef über dessen Führungsverhalten und die Zusammenarbeit diskutieren, können auch sensible und emotional besetzte Themen angesprochen werden. Diese Form ist nicht anonym, wobei es auch bei Gruppenveranstaltungen *halb-anonyme* Datenerhebungen in schriftlicher Form geben kann. Die Diskussion über das Führungsverhalten findet losgelöst vom Votum des einzelnen Mitarbeiters statt.

In letzter Zeit etablieren sich vermehrt *computergestützte* Erfassungsformen, die das Prinzip der Schriftlichkeit mit den Möglichkeiten moderner Datenverarbeitung kombinieren. Immer häufiger werden in Firmen, die über ein *Intranet* verfügen, Mitarbeiter, Kollegen oder Projektgruppenmitglieder gebeten, über ein entsprechendes Programm eine bestimmte Person hinsichtlich deren Führungsverhaltens zu bewerten. Dabei wird im Prinzip der in Papierform vorliegende Fragebogen auf dem Monitor abgebildet. Aussagen wird per Mausklick zugestimmt, oder sie werden auf demselben Weg abgelehnt. Auf gleiche Weise werden auch Einstufungen vorgegebener Kriterien vorgenommen (z.B. 1 = sehr gut bis 5 = mangelhaft). Mitarbeiter können

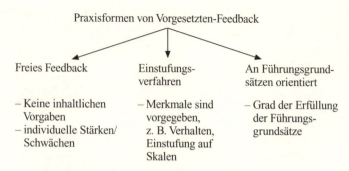

**Abb. 9:** Formen von Vorgesetzten-Feedback in der Praxis

dadurch unabhängig von Ort und Zeit ihr Votum abgeben. Findet eine entsprechende Software Verwendung, ist auch eine schnelle Auswertung garantiert, die meist umfangreiche graphische Unterstützung bei der Datenaufbereitung bietet. Tabellen und Graphiken zur Auswertung kann sich der bewertete und an den Resultaten interessierte Vorgesetzte über ein Codewort auf seinen Rechner laden. Ein Nachteil dieser rechnergestützten Lösung liegt vor allem darin, daß Feedback-Geber häufig eine gewisse emotionale Distanz zum Medium Computer zeigen. Akzeptiert wird diese Art der Befragung jedoch überall dort, wo der Computer als Werkzeug genutzt wird. Internationale Konzerne wenden das Scoring per Computer bereits seit einigen Jahren auch in der Kombination von Intranet und Internet an, indem sie z. B. Bewertungen von Personalentwicklungsmaßnahmen auf europäischer Ebene von den beteiligten Mitarbeitern über diesen Weg in ihren Konzernzentralen zusammenlaufen lassen (*Fischer*, 1995). Nicht alle Organisationen verfügen über diese technischen Möglichkeiten von Intranet und Internet, möchten jedoch eine effektivere Vorgehensweise bei ihrem Vorgesetzten-Feedback praktizieren. Zur Erfassung der Rückmeldungen eignen sich für diesen Zweck auch handelsübliche PC oder Workstations. Problemlos können diese Rechner an geeigneten Orten im

Unternehmen aufgestellt werden. Mitarbeiter, die über die Möglichkeit von Feedback zum Vorgesetztenverhalten informiert sind, können ihre Führungskräfte an diesen Computern anonym einstufen. Dieser Weg, der vor allem verstärkt im Rahmen summativer Mitarbeiterbefragungen Verwendung findet, wird in naher Zukunft das klassische Papier-Bleistift-Verfahren bei der schriftlichen Form der Befragung ablösen.

### 5.2.2 Pro und kontra Teilnahmeverpflichtung

Die Teilnahme an einem Vorgesetzten-Feedback sollte nach Möglichkeit *freiwillig* sein. Freiwilligkeit ist ein zentrales Kriterium für den Erfolg einer Rückkoppelung erlebten Führungsverhaltens. Bei Zwang kann es zu bewußten Gegenreaktionen kommen, etwa durch Verfälschungen von Fragebogen, oder einer unproduktiven, vielleicht sogar feindseligen Haltung gegenüber dem Vorgesetzten in einem Workshop. Diese Reaktionen sind Antworten der Betroffenen auf den ausgeübten Zwang und die Furcht vor etwaigen negativen Folgen ihrer Urteile. Eine Verbindlichkeit der Teilnahme birgt natürlich immer den Keim für Mißtrauen in sich, bietet aber andererseits auch Chancen. So kann beispielsweise vermieden werden, daß Manager, die es am nötigsten haben, beurteilt zu werden, sich dem Votum der Mitarbeiter entziehen. Unter methodischen Gesichtspunkten gewährleistet eine Teilnahmeverpflichtung eine ausreichende Anzahl an Rückmeldungen. Dies ist insbesondere bei Fragebogenaktionen wichtig, um aussagekräftige Daten zu erhalten.

Entscheidend für eine breite, unterstützende Akzeptanz und die Bereitschaft zur freiwilligen Teilnahme an einem Feedback für Führungskräfte ist ein sorgfältiges Planen des Projektes Vorgesetzten-Feedback. Nur durch Nutzenargumente bezüglich der *Ziele, Funktionen* und der *Vorgehensweise bei der Durchführung*, aber auch *der Modalitäten der Rückmeldung*, können Ängste genommen und Kritikpunkte der „Bedenkenträger" entkräftet werden. Positive Einstellungen gegenüber Vorgesetztenbewertungen entstehen rascher, wenn von Anfang an ein paritätisch zusammengesetztes Projektteam aus Teilnehmern der betroffenen Personengruppen gebildet wird. Interessanterweise geben *Ebner* und *Krell* (1991) aufgrund einer Untersuchung an, daß vor allem auf seiten der Mitarbeiter und Führungskräfte der Wunsch besteht, die Teilnahme an einem Führungskräfte-Feedback zur Pflicht zu machen.

## 5.3 Erwünschte und unerwünschte Folgen von Vorgesetzten-Feedback

Effekte eines durchgeführten Vorgesetzten-Feedback zeigen sich vor allem im Bereich von Führung und Zusammenarbeit, also im Verhältnis von Vorgesetzten und Mitarbeitern. Je nach Vorgehensweise sind die Auswirkungen auf das Gesamtsystem Firma und deren Elemente unterschiedlich. Da sowohl das Instrument Vorgesetzten-Feedback selbst wie auch die Einstellung der betroffenen Personengruppen dazu und die Art und Weise, wie das Projekt in das Unternehmen eingeführt wurde, nicht unabhängig voneinander sind, können die resultierenden Effekte nie ganz vorausgesehen werden, insbesondere nicht ihre Stärke und Richtung. Dies gilt übrigens für viele Eingriffe und Veränderungen in einer Organisation. So kommen *beabsichtigte,* aber auch *nicht intendierte*, jedoch *wünschenswerte Folgen* zustande, die die Zusammenarbeit positiv beeinflussen und den anvisierten Zielen entsprechen. Allerdings produziert der Prozeß der Bewertung des Managerverhaltens immer auch *unerwünschte*, die Kultur *beeinträchtigende* Resultate, die den eigentlichen Absichten eher entgegenstehen. Bestimmte Zusammenhänge werden durch die Rückmeldungen der Feedback-Geber transparent und verändern die erlebten Wirklichkeiten der Betroffenen, d.h., diese Veränderungen sind *offensichtlich* und *er-*

*kennbar.* Das wird beispielsweise immer dann der Fall sein, wenn Vorgesetzte oder Mitarbeiter bewußt über ihr Verhalten reflektieren und miteinander kommunizieren. Es kann aber auch zu *verdeckten* Effekten kommen, nämlich dann, wenn es gewünschte oder unerwünschte Auswirkungen von Feedback für Vorgesetzte gibt, die in der Organisation nicht offen zutage treten.

Abbildung 10 stellt diesen Zusammenhang graphisch dar. Sie verdeutlicht, welche vier Effekt-Kombinationen möglich sind und ins Kalkül gezogen werden müssen. Die Felder Nummer 1 und 5 sind unproblematisch und entsprechen den beabsichtigten Zielen eines Spiegelns wahrgenommenen Führungsverhaltens. Die positiven Nebeneffekte des Quadranten 3 und des verdeckten Würfels mit der Nummer 8 können sich auf den verschiedensten Ebenen abspielen, gefährden das Projekt aber nicht. Die Kombinationen 2 und 6 können sich, je nach Stärke, negativ auf die Akzeptanz der Vorgesetztenbewertung auswirken,

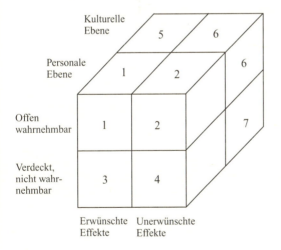

**Abb. 10:** Kombinationen der möglichen Auswirkungen von Vorgesetzten-Feedback

da sie für „unerwünschte" und „offen zutage tretende Wirkungen" stehen. Mögliche Folgen dieser Konstellationen sollten daher von Beginn an beobachtet und kontrolliert werden. Mit den unerwünschten und nicht wahrnehmbaren Konsequenzen, wie sie die Teilwürfel 4 und 7 darstellen, gilt es zu leben. Sie sind i.d.R. nicht beeinflußbar, da nicht wahrnehmbar. Wichtig ist die Sensibilisierung der Projektgruppe für diese Phänomene, um den möglichen Folgen, wo es möglich ist, rechtzeitig gegenzusteuern.

Für die einzelnen Kombinationen können folgende Beispiele dienen:

In Teilwürfel 1 fällt beispielsweise das Gefühl der Mitarbeiter, *„etwas zu bewegen und mitreden zu können"*.

Teilwürfel 2: Er steht für eine etwaige im Verhalten sichtbar werdende *Verunsicherung der Vorgesetzten* durch das Feedback. Auf Mitarbeiterseite könnte sich dies beispielsweise durch ein Verhalten zeigen, das als *„dem Vorgesetzten nach dem Munde reden"* beschrieben werden kann.

Die erwünschten, nicht sichtbaren Wirkungen auf personaler Ebene, wie *Einstellungsänderungen bei Führungskräften*, sind in Teilwürfel 3 zu finden.

In Teilwürfel 4 finden sich die unerwünschten Effekte auf personaler Ebene, die auch nicht wahrnehmbar sind. Hier handelt es sich z.B. um *Ängste von Mitarbeitern* vor Sanktionen seitens des Vorgesetzten als Reaktion auf ihre Zensuren.

Nummer 5 beinhaltet die wünschenswerten, wahrnehmbaren kulturellen Effekte, die mit einem Vorgesetzten-Feedback bezweckt werden. Dies sind beispielsweise *offenere Diskussionen über „Schwachstellen" im Verhalten von Führungskräften*.

Unerwünschte, jedoch deutlich wahrnehmbare Folgen von Vorgesetzten-Feedback, für die stellvertretend Teilwürfel 6 steht, sind auf kultureller Ebene Wirkungen, die das *Betriebsklima negativ beeinflussen*. Sie basieren häufig auf

Gerüchten und Parolen und unterstellen der Geschäftsleitung oder Projektgruppe unlautere Absichten, was als Konsequenz Berührungsängste provoziert.

Ebenfalls unerwünschte, die kulturelle Ebene betreffende, jedoch nicht offen wahrnehmbare Effekte sind Phänomene, die häufig als „Friedhöflichkeit" bezeichnet werden. Sie umschreiben die Furcht vor einer Beurteilung, die sich bei den Mitarbeitern als eher *unbewußt gelebte, ungeschriebene Norm* äußert, die da heißt, „vermeide nach Möglichkeit jeden Konflikt, um nicht aufzufallen".

In der Graphik nicht sichtbar ist Teilwürfel 8, der für die verdeckten, aber erwünschten kulturellen Aspekte steht, etwa eine stärkere *Identifikation mit dem Unternehmen oder eine Einstellungsänderung* gegenüber dem Betrieb zum Positiven.

## 5.4 Planung, Konkretisierung, Durchführung und Evaluation von Vorgesetzten-Feedback

In Abbildung 11 auf S. 74 sind die vier Schritte dargestellt, die für ein effektives Gedeihen des Projektes Vorgesetzten-Feedback notwendig sind.

### *5.4.1 Die Planungsphase*

In einem ersten Schritt geht es darum, von der Idee, die Bewertung von Vorgesetztenverhalten im Unternehmen einzuführen, zu einem konkreten Maßnahmenplan zu gelangen. Dieser Schritt ist von der Geschäftsführung bzw. dem Vorstand eines Unternehmens zu initiieren. Es geht darum, dem gesamten Vorhaben grünes Licht zu geben und erste Entscheidungen über die Ziele, die Zusammensetzung der Projektgruppe und deren Auftrag sowie eine erste Grobplanung zu treffen.

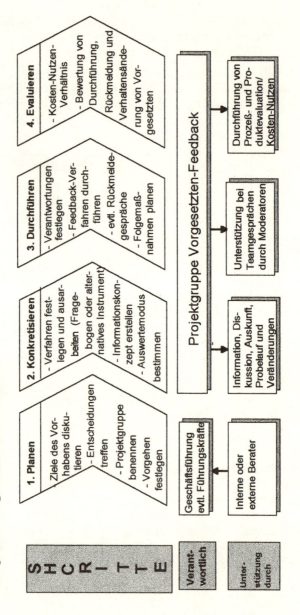

Abb. 11: Konzeptionierungs- und Implementierungsschritte

*Die Zielsetzung*

Im einzelnen bedeutet dies, Verbindungen zu anderen, bereits im Unternehmen bestehenden Konzepten und deren Zielen transparent zu machen, um Inkompatibilitäten zu vermeiden. Derartige Konzepte sind *Unternehmensleitlinien, Führungsgrundsätze, Personalentwicklungs- und Qualitätsmanagement-Systeme* sowie evtl. existierende *Organisations- und Teamentwicklungsvorhaben*. Die Intention, die mit einem Führungskräfte-Feedback verfolgt werden soll, muß in diesem ersten Schritt klar formuliert werden.

*Das Projektteam*

In dieser Phase muß die Geschäftsführung eine *Entscheidung über das Projektteam* treffen und dessen Auftrag präzise formulieren. Wie weiter oben bereits erwähnt, ist es sinnvoll, ein Projektteam aus Geführten, Führungskräften, Betriebs- oder Personalräten, Sprechern der leitenden Angestellten sowie Vertretern der Personalabteilung bzw. Personalentwicklung zu bilden. Ein Datenschutzbeauftragter und evtl. ein externer Berater können dieses Team komplettieren. Wünschenswert ist es insbesondere in der Anfangsphase des Projektes, wenn ein Mitglied der Geschäftsführung dieses Team verstärkt, um als Machtpromotor zu fungieren. Dadurch wird zumindest zu Beginn die Teamarbeit beflügelt und die Wichtigkeit des Projektes unterstrichen. In der Regel sind die Vertreter des Top-Managements bei der späteren Detailplanung nicht mehr aktiv am Projektgeschehen beteiligt. Gleichwohl befördern sie häufig die Aufgabe des Teams noch durch gemeinsame Berichte in den firmeneigenen Medien über Ergebnisse aus dem Projekt. Ein bloßes Dulden oder Tolerieren der Arbeit der Projektgruppe seitens der Geschäftsleitung reicht allerdings nicht aus. Vielmehr muß das oberste Management nach Zielerreichung durch das Projektteam sogar die erste Führungsmannschaft sein, die sich mit dem neuen Instrument, wie auch immer es gestaltet ist, Feedback geben läßt.

*Das Festlegen des Vorgehens*

In einer Grobplanung sollten Geschäftsführung oder Vorstand eines Unternehmens für das weitere Vorgehen des Projektteams „Meilensteine" setzen. Dies sind vor allem der *Zeithorizont* sowie einige *Grundsätze*, die für das künftige Instrument Führungskräfte-Feedback gelten sollen. Die wichtigsten Grundsatzfragen, die zu stellen sind, betreffen: *Anonymität* oder *Offenheit, Teilnahmeverpflichtung* oder *Freiwilligkeit, Konsequenzen* ja oder nein?

In diesem Planungsprozeß kann das verantwortliche Management durch *interne* oder *externe Berater* unterstützt werden. Interne Hilfestellungen bieten sich vor allem von Personalfachleuten wie Personalleitern, -referenten und -entwicklern an. Bei der Wahl externer Berater sollte darauf geachtet werden, daß es sich um Personen handelt, die bereits Erfahrung mit der Einführung von Vorgesetzten-Feedback in anderen Unternehmen sammeln konnten. Entsprechende Referenzen helfen, die Kompetenzen der Berater einzuschätzen.

Nicht immer kann damit gerechnet werden, daß sich Geschäftsführung oder Vorstand eines Unternehmens für ein derartiges Thema interessieren. Demnach sollte die Entscheidung darüber möglichst auf höchster Ebene fallen und auch über Ziel und Zweck von Vorgesetzten-Feedback diskutiert werden.

*5.4.1.1 Checkliste Planungsphase*

---

**Checkliste Planungsphase**

*Geschäftsführung/Vorstand*

– erkennt die Notwendigkeit von Vorgesetzten-Feedback
– trifft Grundsatzentscheidung zum Verfahren
– entscheidet über Projektteam, Zeitrahmen und Art der Unterstützung
– präzisiert den Projektauftrag
– hat die Gesamtverantwortung

*Betroffene*

– Arbeitnehmervertreter, Personalabteilung sowie Sprecherausschuß der leitenden Angestellten bestimmen die Mitglieder des Projektteams

---

*5.4.2 Die Phase der Konkretisierung*

In dieser Phase gilt es für das Projektteam, sich eine Arbeitsbasis und ein entsprechendes Rollenverständnis zu schaffen. Dazu gehört die Analyse der Aufgabenstellung wie die Auswahl geeigneter Vorgehensweisen und das Setzen von Teilzielen.

*Zum Rollenverständnis*

Zu Beginn ist es für die Teammitglieder wichtig, sich über die unterschiedlichen Erwartungen aller am Projekt Beteiligten klar zu werden. Zum einen existieren die Wünsche der Geschäftsführung nach einer zügigen Umsetzung, andererseits ist mit Bedenken seitens der Führungskräfte und Mitarbeiter zu rechnen.

*Die Vorgehensweise in dieser Phase*

Das Projektteam tut gut daran, sich der Unterstützung von Promotoren zu vergewissern (Machtpromotoren). Weiter sollten im Vorfeld potentiell hindernde Kräfte analysiert werden. Schließlich muß sich das Team mit der Möglichkeit von Widerständen auseinandersetzen. Es muß klären, ob externe Assistenz gesucht werden soll und welche Hilfen es den Betroffenen geben möchte.

Folgende Fragen mit Unterpunkten müssen daher geklärt werden (*Steinhoff*, 1995):

1. Wie sollen die formalen Aspekte des Feedback-Verfahrens beschaffen sein?

   a) Welche Personengruppen sind beteiligt?
   *(Soll vertikal oder horizontal Feedback gegeben werden? Wer meldet wem was zurück?)*
   b) Wie soll über die Ergebnisse der Rückmeldungen informiert werden?
   *(Worüber und in welcher Form werden Führungskräfte und Feedback-Geber informiert?)*
   c) Welche Konsequenzen müssen aus dem Feedback folgen?
   *(Sollen Maßnahmen der Personalentwicklung eingeleitet werden?)*
   d) Welcher Turnus soll für ein Vorgesetzten-Feedback gewählt werden?
   *(Alle zwei bis drei Jahre?)*

2. Welche Führungsdimensionen sollen zugrunde gelegt und was für ein Instrument eingesetzt werden?

   a) Welche Dimensionen müssen ausgewählt werden?
   *(Werden Anforderungsprofile oder Führungsgrundsätze herangezogen?)*
   b) Welche Form von Feedback soll praktiziert werden?
   *(Werden Fragebogen, Workshop oder Interview eingesetzt?)*

3. Auf welche methodischen Fragestellungen gilt es besonders zu achten?

*Die Information der Beteiligten*

Um die am Feedback-Prozeß Beteiligten über das gesamte Projekt zu informieren, können unterschiedlichste Wege beschritten werden. Angefangen bei Plakaten, die im Unternehmen für das Vorgesetzten-Feedback werben, über Betriebsversammlungen, Nachrichten am Schwarzen Brett oder Berichte in der Firmenzeitschrift, bis zu persönlichen Informationsgesprächen reicht die Palette der Möglichkeiten. Information kann also *schriftlich, audiovisuell, mündlich* oder *persönlich* gegeben werden. Jede dieser Formen hat Vor- und Nachteile. Daher hängt es u. a. von der Zielsetzung und der Unternehmenskultur ab, welche Informationsform gewählt wird. Da es sich beim Vorgesetzten-Feedback um eine sehr sensible Angelegenheit handelt, ist, wenn möglich, eine *persönliche* und *mündliche Information* vorzuziehen. Im direkten Dialog können offene Fragen besser geklärt und Ängste genommen werden. Insbesondere bei einer Erstdurchführung ist eine gemeinsame Informationsveranstaltung der Unterstützer, der Promotoren aus der Geschäftsleitung und des Projektteams äußerst hilfreich. Festzuhalten ist: Eine umfassende Information ist das A und O zur Schaffung von Akzeptanz für ein Vorgesetzten-Feedback. Sie sollte auf keinen Fall geringgeschätzt werden, vor allem, wenn es um Widerstände bei den Betroffenen geht oder um ein umsichtiges Vorgehen zur Vermeidung von Mißverständnissen. Nur wenn Ziel, Zweck, Umfang, Rahmenbedingungen, Ablauf und die Folgen einer Rückkoppelung erlebten Führungsverhaltens für die betroffenen Manager und deren Feedback-Geber hinreichend bekannt sind, werden sie das Vorhaben auch aktiv unterstützen.

*1. Festlegen der Informationsinhalte.* Geben Sie den Informationsveranstaltungen zum Vorgesetzten-Feedback großen Raum. Bieten Sie den Beteiligten die Chance, Fragen zu stellen und diskutieren Sie die Bedenken von Feedback-Gebern und -Nehmern.

Wesentliche Punkte für die *Information der Führungskräfte* sind:

*Ziele des Vorgesetzten-Feedback (Beispiele):*
- Verbesserung der Zusammenarbeit
- Verhaltensoptimierung für Führungskräfte
- Offenere Kommunikation in Teams, Abteilungen, Bereichen und dem Gesamtunternehmen
- Leistungssteigerung durch höhere Arbeitszufriedenheit und Motivation u. a. m.

*Ablauf des Verfahrens (Beispiel):*
- Ablauf generell
- Ansprechpartner bei Rückfragen
- Unterstützungsmöglichkeiten durch Geschäftsleitung, Personalabteilung bzw. die Projektgruppe o. a.
- Gewährleistung von Anonymität, wenn sie Grundlage von Feedback sein soll
- Formen der Auswertung von Vorgesetzten-Feedback
- Art der Ergebnisdarstellung
- Vorgehen bei alternativen Verfahren
- Konsequenzen für Manager mit negativen Mitarbeitervoten
- Zeitpunkt, wann ein Vorgesetzten-Feedback wiederholt werden soll
- Controlling-Verfahren zur Überprüfung der Effektivität und Effizienz des Gesamtverfahrens

*2. Die Information der Feedback-Geber und -Nehmer.* Führungskräfte können in kleinen Zirkeln persönlich und individuell durch Personalleiter oder Personalentwickler informiert werden. Dies bietet sich auch für die Feedback-Geber an, wenngleich sie zahlenmäßig meist die größere Gruppe sind, so daß eine persönliche und mündliche Unterrichtung aus ökonomischen Gründen gegenüber einer schriftlichen Information abgewogen werden muß. Für die direkte und mündliche Information bietet sich ein Tandem an, bestehend aus einem Vertreter der Personalabteilung und einem Mitglied der Arbeitnehmervertretung.

Die *persönliche und mündliche Information* durch die Präsenz von Arbeitgeber- und Arbeitnehmervertretern hat folgende Vorteile:

- Sie stärkt das Vertrauen,
- sie hilft, Fragen schnell und direkt zu klären sowie Bedenken auszuräumen,
- Datensicherheit und Anonymität transparent zu machen und
- ein gemeinsames Verständnis von Inhalten, Begriffen usw. zu schaffen.

*3. Personale Kontinuität und Wiedererkennungswert.* Schaffen Sie bei Ihrer Informationsarbeit *personale Kontinuität* und geben Sie ihrem Projekt einen gewissen *Wiedererkennungswert*. Betrauen Sie deshalb *eine* Person damit, Informationen zum Vorgesetzten-Feedback an die Beteiligten weiterzugeben. Versehen Sie darüber hinaus Ihr Informationsmaterial und Ihre Präsentationsunterlagen mit einer Art Logo. Die Identifikation der Betroffenen mit dem Vorhaben wird dadurch erleichtert und das gesamte Projekt stärker im Bewußtsein verankert.

*4. Die Ergebnisrückmeldung.* Ergebnisrückmeldungen sind bei den Verfahren, in denen der Vorgesetzte nicht unmittelbar und direkt ein Feedback erhält, unbedingt verpflichtend vorzuschreiben, also z. B. bei Befragungen von Mitarbeitern mittels Interview oder Fragebogen. Da ein Vorgesetzten-Feedback ein Vehikel für einen *kontinuierlichen Einstellungs- und Verhaltensänderungsprozeß* aller Beteiligten ist, wird es ohne ausreichende Information über die Resultate wenig positive Konsequenzen geben.

*5. Vorarbeiten für eine Evaluation von Vorgesetzten-Feedback.* Besteht im Unternehmen die Absicht, ein Vorgesetzten-Feedback zu evaluieren, also hinsichtlich zuvor festgelegter Kriterien zu bewerten, ist darauf zu achten, daß die Daten hierzu bereits vor dem ersten Einsatz erhoben werden. Diese Angaben können sich z.B. auf die *Arbeitszufriedenheit*, die *betriebliche Zusammenarbeit, Fehlzeiten* oder *andere relevante Variablen* beziehen. Nur wenn der Status vor der Einführung eines neuen Instruments zur Bewertung von Vorgesetztenverhalten erhoben wird, kann später der Einfluß des Verfahrens sinnvoll evaluiert werden. Dabei darf die Veränderung des Vorgesetztenverhaltens nicht allein als Kriterium herangezogen werden, da Geführte bei Führungskräften, die beinahe ideal führen, natürlicherweise wenig über Verhaltensänderungen berichten können.

### 5.4.2.1 Fragebogen zur Meinungsbildung

Damit die Projektgruppe offene Fragen im Sinne der Betroffenen beantworten kann, ist eine Befragung der Beteiligten am Vorgesetzten-Feedback wünschenswert. Diese kann schriftlich oder in Form einer Gruppendiskussion mit einer repräsentativen Stichprobe durchgeführt werden. Ein Beispiel für eine Befragung im Vorfeld der Einführung von Vorgesetzten-Feedback findet sich unten.

Ein Beispiel für Text, Inhalt und Aufbau:

---

**Mitarbeiterbefragung zum Vorgesetzten-Feedback**

„Liebe Mitarbeiterinnen und Mitarbeiter,

wir möchten mit dieser Befragung zum Thema „Vorgesetzten-Feedback", bei dem Sie Ihrem Vorgesetzten eine Rückmeldung über sein Führungsverhalten geben können, Ihre Meinung erfragen. Durch die Beantwortung der Fragen gestalten Sie dieses Verfahren aktiv mit!

---

Wir möchten von Ihnen erfahren,

a) wie das Vorgesetzten-Feedback gestaltet sein sollte und

b) was Sie von einer Rückmeldung an Ihren Vorgesetzten erwarten,

optional (siehe 8.2):

c) wie sich aus Ihrer Sicht ein guter Vorgesetzter verhalten sollte.

Ihre Antworten werden streng vertraulich behandelt ... usw."

Wie sollte das Vorgesetzten-Feedback gestaltet sein?

Wer soll wem das Feedback geben?

☐ Nur der Mitarbeiter dem Vorgesetzten
☐ Der Mitarbeiter gibt dem Vorgesetzten ein Feedback und dieser schätzt sich selber ein, so daß Selbst- und Fremdbild gegenübergestellt werden können
☐ Mitarbeiter und Führungskraft schätzen sich gegenseitig ein
☐ Die Gruppe der Mitarbeiter schätzt den Vorgesetzten gemeinsam ein, z.B. in einem Workshop

Welchen Inhalt soll die Rückmeldung haben?

☐ Das erlebte Führungsverhalten
☐ Persönlichkeitseigenschaften (Charakter bzw. bestimmte Eigenschaften)
☐ Qualität des Fachwissens und -könnens
☐ ........................................

In welcher Form soll das Vorgesetzten-Feedback ablaufen?

☐ Mittels Fragebogen zum erlebten Führungsverhalten
☐ In einem Zweiergespräch zwischen Mitarbeiter und Vorgesetzten, mit Hilfe eines Gesprächsbogens
☐ In einem Workshop, gemeinsam mit dem Vorgesetzten und seinen Mitarbeitern plus einem externen Moderator
☐ ................................. usw.

Fragen zur *Häufigkeit von Feedback, Verbindlichkeit, Anonymität, Ergebnispräsentation, Aufbewahrung der Resultate* sowie den *Erwartungen* und *Schwierigkeiten*, die mit der Einführung des neuen Instruments verbunden werden, können den Bogen vervollständigen.

### 5.4.2.2 Checkliste Konkretisierungsphase

---

**Checkliste Konkretisierungsphase**

Projektgruppe

- Konstitution des Projektteams
- Klären des Rollenverständnisses
- Analyse der Aufgabenstellung
  - Was ist die konkrete Aufgabenstellung?
  - Wie ist sie abzugrenzen?
- Auswahl geeigneter Vorgehensweisen
- Setzen von Teilzielen
  - Wer? Was? Bis wann? usw.
- Klären der Überwachungs- und Umsetzungskontrolle
- Interne und externe Erfahrungen zum Thema sammeln
- Analyse von Organisations- und Personalentwicklungs-Instrumenten
- Verarbeiten der Leitlinien und Führungsgrundsätze für die künftigen Anforderungen an Führungskräfte
- Erarbeiten einer Feinkonzeption
  - Erstellen eines Informationskonzeptes
  - Entwicklung eines Verfahrens (Fragebogen oder Alternativen)
  - Probelauf bzw. -durchgang
  - Abstimmung
  - Ablauf der Durchführung
  - Auswertungsmodus bestimmen
  - Form der Ergebnisrückmeldungen an die Vorgesetzten

> ○ Konsequenzen bei unbefriedigendem Führungsverhalten
> - Konzeption von Bausteinen
>   ○ Information der Betroffenen
>   ○ Einführung ins Verfahren
>   ○ Führen von Gesprächen zur Ergebnisrückmeldung

### 5.4.3 Die Durchführungsphase

Die Erfahrung zeigt, daß nach der Informationsphase eine rasche Umsetzung des Projektes erfolgen muß, weil nun ein breites Interesse geweckt wurde und positive Energien für die Durchführung bei den Betroffenen freigesetzt worden sind. Äußerst abträglich ist es für das Projekt, wenn viel darüber geredet wird, sich die Umsetzung aber verzögert oder von den Beteiligten nur halbherzig begonnen wird. Vielleicht, weil die benötigten personellen und instrumentellen Ressourcen nicht zur Verfügung stehen oder der gesamte Aufwand unterschätzt wurde. Für den vorausgegangenen Schritt der Konkretisierung heißt dies, daß dieser mit äußerster Sorgfalt geplant und die Rahmenbedingungen für das Projekt kritisch beleuchtet werden müssen, um die Durchführung nicht zu verzögern oder sogar zu gefährden. Ein unprofessionell und oberflächlich durchgeführtes Feedback-Verfahren führt eher zu Problemen, als es bestehende Schwierigkeiten im Führungsbereich lösen hilft.

Sind die betroffenen Gruppen im Unternehmen umfassend informiert worden, geht es als nächstes darum, die *Verantwortlichen für die Durchführung* zu benennen. Sie führen das Verfahren ein, planen die Form der Ergebnispräsentation und legen die Art der Folgemaßnahmen für die bewerteten Führungskräfte fest. Werden Verfahren wie z.B. ein Workshop zur Rückmeldung des Vorgesetztenverhaltens herangezogen, erübrigen sich Einzelgespräche zur Präsentation der Feedback-Resultate, da der Rückmeldeprozeß selbst zentrales Element der Methode ist.

*1. Verantwortungen festlegen.* Für die Umsetzung des Verfahrens sind Verantwortliche zu benennen. Sie sollen eine reibungslose Durchführung in den Bereichen, Abteilungen und Teams, in denen das Feedback-Instrument eingesetzt werden soll, garantieren. Zu den Aufgaben dieser Personen gehört neben organisatorischen Dingen auch die Beantwortung offener Fragen sowie die Motivation der Feedback-Geber zur Teilnahme und Compliance durch gezielte Appelle.

*2. Das Vorgesetzten-Feedback durchführen lassen.* Je nach gewähltem Verfahren, also *Fragebogen, Interview, Führungsdialog* oder *Workshop,* wird dieses adäquat umgesetzt.

*3. Ergebnispräsentation für die Führungskräfte.* Die Information über die Rückmeldungen ist von zentraler Bedeutung, da es von ihr abhängt, ob ein Vorgesetzter zu einer Einstellungs- und Verhaltensänderung bereit sein wird oder nicht. Vor allem in einer „unreifen" Kultur, in der die offene Kommunikation noch nicht zum alltäglichen Umgang miteinander gehört, kann eine unzureichende oder mangelhafte Information über das Ergebnis zu Trotzreaktionen der Vorgesetzten führen. Daher muß die Projektgruppe folgende Fragen klären:

– Was ist Ziel der Ergebnispräsentation?
– Soll eine Kombination aus Ergebnispräsentation und Beratung durchgeführt werden, um der betroffenen Führungskraft unmittelbar Rat zuteil werden zu lassen?
– Wer soll als Berater fungieren? Mitarbeiter aus der Personalabteilung, Personalentwickler oder der Betriebspsychologe? Oder ist es besser, einen externen Berater dafür zu engagieren?

Je nach Instrument ergeben sich aber auch ganz andere Formen der Ergebnispräsentation. So praktizieren manche Firmen einen Mix aus schriftlicher Information mit anschließender telefonischer Erläuterung. Nachteil dieser Methode ist, daß der Manager mit den erhaltenen Daten weitgehend allein gelassen ist. Nur Personen mit einer eher kritischen Selbsteinschätzung werden aus dieser Art der Rückmeldung Profit und Konsequenzen für Veränderungen ziehen. Denkbar wäre eine solche Verfahrensweise bei mehrmalig durchgeführtem Vorgesetzten-Feedback, wenn es sich bereits um ein gut geübtes Ritual handelt, bei dem alle ihre Rollen kennen und in Selbstverantwortung das Weitere selbstregulativ veranlassen.

Wenn möglich, sollte jedes Unternehmen das *Vier-Augen-Gespräch* als Form der Ergebnisdarstellung für Vorgesetzte wählen. Es ist die effektivste Methode, Führungskräften Stärken und Entwicklungschancen in ihrem Führungsverhalten aufzuzeigen, insbesondere dann, wenn die Ergebnisse durch einen externen Berater oder Coach vermittelt werden (*Brinkmann, 1994*).

*4. Ergebnisrückmeldung an die Feedback-Geber.* Für die Zugänglichkeit der Ergebnisse für Feedback-Geber sprechen folgende Gründe:

- Wenn Feedback-Geber über die Resultate informiert werden, können sie Differenzen, aber auch Konsens bei den Einstufungen des Führungsverhaltens innerhalb der Mitarbeiterschaft erkennen. Diese Informationen sind hilfreich, um in einen fruchtbaren Dialog einzutreten und die Hintergründe der Einstufungen qualitativ aufzuarbeiten.
- Das gleiche gilt für eine evtl. vorgenommene Selbsteinschätzung der Führungskraft. Eine stark vom Eigenbild des Vorgesetzten abweichende Sicht der Mitarbeiter bietet die Chance, über das „Warum" des Auseinanderklaffens von Selbst- und Fremdbild zu diskutieren.

– Die Ergebnisse können im Sinne einer Trendanalyse mit Referenzwerten verglichen werden. Diese ergeben sich aus dem errechneten Durchschnitt der Bewertungen. Bezugssystem können die ganze Firma, verschiedene Unternehmensbereiche, Abteilungen oder ein ideales Führungsprofil sein. Bei solchen Gegenüberstellungen ist allerdings auch Vorsicht geboten, um nicht „Äpfel mit Birnen zu vergleichen".

Klärungsbedürftig ist, ob eine Ergebnispräsentation für die Feedback-Geber in Gegenwart oder Abwesenheit der betroffenen Führungskraft vorgenommen werden soll. Die Erfahrung zeigt hier, daß es zunächst sinnvoll ist, die Mitarbeiter als Gruppe zu informieren, um in einem zweiten Schritt den Vorgesetzten hinzukommen zu lassen.

Eine vollständige Information aller Beteiligten über das Resultat des Feedback-Verfahrens ist einer partiellen Darstellung der Ergebnisse vorzuziehen. Sie stärkt das Vertrauen in die Unternehmensleitung, während die Präsentation von Teilergebnissen eher Mißtrauen aufkommen läßt. Jedoch bedeutet dies nicht, daß keine Gewichtungen in der Darstellung erfolgen können.

Die größten Schwierigkeiten ergeben sich meist bei der Darstellung von Ergebnissen aus Interviews. Hierbei wird fast zwangsläufig die *Anonymität des Feedback-Gebers* aufgehoben. Bei der kollektiven Information bleibt zwar meist die Anonymität gewahrt, jedoch kann es zu *gruppendynamischen Effekten* in Form eines Aufschaukelns kommen, etwa dann, wenn einzelne negative Bewertungen zu stark in den Vordergrund treten. Hier ist die hilfreiche Unterstützung durch einen Moderator notwendig. Bei einer Einzelrückmeldung muß allerdings auch die Chance gesehen werden, Probleme im Miteinander, z. B. zwischen Vorgesetztem und Mitarbeiter, direkt auszuräumen. Im Gegensatz dazu ist bei der kollektiven Information der positive Aspekt in der Verdeutlichung einer gemeinsamen Formulierung von Erwartungen an das Führungsverhalten zu sehen.

*5. Folgemaßnahmen.* Nach der Durchführung des Verfahrens und der Präsentation der Resultate muß der Wille der Geschäftsleitung bzw. des einzelnen Vorgesetzten deutlich werden, im Führungshandeln identifizierte Defizite abzubauen. Dies bedarf allerdings auch der Hilfe seitens des *Projektteams,* der *Personalabteilung* oder der *Personalentwicklung,* besonders, wenn es sich um ein vernetztes Führungsproblem handelt, bei dem Ursache und Wirkung nicht eindeutig zu trennen sind. Folgemaßnahmen dürfen nicht nur auf die Person des Managers beschränkt sein, sondern müssen sich auch auf das *Team,* die *Arbeitsbedingungen* und den *organisatorischen Rahmen* beziehen. Klarzustellen ist immer, was änderbar ist und was als unabänderlich akzeptiert werden muß. Die Bestimmungen zur Arbeitssicherheit, die von Führungskräften überwacht werden müssen, sind letzterem zuzuordnen und wirken sich u. U. negativ auf den Führungsprozeß aus. Schließlich sollte ein *individueller* oder *kollektiver Aktionsplan* erstellt werden, der die Schwachstellen im Führungsbereich zum Inhalt hat. Maßnahmen, die die Führungskraft direkt betreffen, können im Rahmen der Personalentwicklung auf Individueller Ebene ablaufen, beispielsweise in Form einer Verbesserung der Management- oder Sozialkompetenz. Solche Optimierungen des Führungshandeln sind auf verschiedene Art und Weise umsetzbar, etwa über ein *Selbststudium, Seminarbesuche* oder ein *Coaching,* um nur einige Möglichkeiten zu nennen.

## 5.4.3.1 Checkliste Durchführungsphase

**Checkliste Durchführungsphase**

*Verantwortliche für die Durchführung benennen:*
- in den Bereichen, Abteilungen oder Teams
- zur Stärkung von Motivation und Compliance
- um Organisation und reibungslose Durchführung zu gewährleisten

*Feedback-Verfahren durchführen*
- Durchführung je nach gewähltem Verfahren (Fragebogen, Interview, Gruppengespräch o. a.)

*Information der Führungskräfte über die Resultate der Rückmeldungen*
- Klären folgender Fragen:
  ○ In welcher Form findet die Information statt?
  ○ Welches Ziel hat das Informationsgespräch?
  ○ Erfolgt eine anschließende Beratung?
  ○ Soll ein interner oder externer Berater hinzugezogen werden?

*Folgemaßnahmen*
- Individuelle Maßnahmen für einzelne Führungskrafte
- Kollektive Aktionen
- Strukturelle/organisatorische Veränderungen

*Ergebnisrückmeldung an die Feedback-Geber*
- Klären folgender Fragen:
  ○ Wird die Information der Mitarbeiter einzeln oder in Gruppen durchgeführt?
  ○ Soll der Vorgesetzte dabei sein oder nicht?
  ○ Findet ein Abgleich zwischen Selbst- und Fremdbild des Managers statt?
  ○ Werden Teilergebnisse oder das komplette Resultat dargestellt?
  ○ Wird die Moderation der Informationsveranstaltung zur Ergebnisrückmeldung in Gruppen durch den Vorgesetzten oder durch einen internen bzw. externen Coach durchgeführt?

## 5.4.4 Die Evaluierungsphase

Evaluation ist ziel- und zweckorientiert. In erster Linie hat sie das Ziel, praktische Maßnahmen zu verbessern, zu legitimieren und die Grundlagen für Entscheidungen zu schaffen. Unter Evaluation wird der *Prozeß der Beurteilung des Wertes eines Produkts, Prozesses* oder *eines Programms* verstanden. Dabei stützt sich die Evaluation nicht notwendigerweise auf systematische Verfahren oder datengestützte Beweise. Basis der Evaluierung sind die ablaufenden Prozesse und Effekte. Dazu müssen Daten möglichst methodisch erhoben werden. Auf der Grundlage von Kriterien werden sie nach bestimmten Regeln bewertet. Eine Evaluation ist somit immer auch eine bewertende Stellungnahme.

Geschäftsleitung und Projektgruppe können mit einer Bewertung des Projektes folgende Strategien verfolgen:

- *Öffentlichkeitsstrategie.* Die Evaluation des durchgeführten Projektes Vorgesetzten-Feedback kann Daten über dessen Nutzen liefern, die zur personalpolitischen Urteilsbildung bei Vorgesetzten, Personalleitern, Personalentwicklern und Arbeitnehmervertretern beitragen.

- *Interne Kontroll- und Entscheidungsfunktion.* Evaluation dient kurz-, mittel- und langfristig auch einer Verbesserung der Qualität der Instrumente der Personalarbeit.

- *Erkenntnisverbesserung.* Eine Bewertung von Feedback-Verfahren zum Führungshandeln trägt dazu bei, die Erkenntnisse über die Wirkung und Funktion von Vorgesetzten-Rückmeldungen zu verbessern. Evaluiert wird das Verfahren im Vergleich mit anderen personalwirtschaftlichen Instrumenten danach, ob es bessere Auskünfte liefert und mit ihm die anvisierten Ziele erreicht wurden.

Im hier behandelten Kontext interessiert vor allem

– die *Prozeßevaluation* und
– die *Produktevaluation*.

*1. Prozeßevaluation.* In Verbindung mit dem Feedback von wahrgenommenem Führungsverhalten durch Feedback-Geber wird bei der Prozeßevaluation vor allem geprüft, wie sich das Verfahren im Verlauf der Anwendung bewährt hat. Sie hat die Bewertung der *Planung, Entwicklung und Optimierung des methodischen Ansatzes* zum Inhalt. Mögliche Fragen können sein: „*Sind Widerstände aufgetreten? Wenn ja, welcher Art?*", „*War die Information ausreichend?*" oder „*Welche Schwierigkeiten hatten die Feedback-Geber mit der praktischen Umsetzung?*" usw. Die Beantwortung dieser Fragen fließt direkt in die Qualitätsverbesserung der Gestaltung des Feedback-Verfahrens zurück. In der Regel wird die Prozeßevaluation begleitend durchgeführt, um den Feedback-Prozeß zu optimieren. Dieses Vorgehen ist iterativ, da durch die „Fehlermeldungen der Anwender" das Vorgesetzten-Feedback sukzessive verbessert wird.

*2. Produktevaluation.* Sie beschäftigt sich mit den Wirkungen des Bewertungsverfahrens. Produktevaluation möchte die Effekte, die Effizienz und den Nutzen des Verfahrens abschließend bewerten. Fragen stehen im Vordergrund wie: „*War das Führungskräfte-Feedback wirklich erfolgreich?*", „*Wie ist es im Vergleich zu anderen Ansätzen zu beurteilen?*", „*Wie ist das Verhältnis von Kosten zu Nutzen?*".

### 5.4.4.1 Evaluationsfragebogen

Ein Evaluationsfragebogen bietet sich als das ideale Datenerhebungsinstrument an.

Eine Unterteilung in Fragen zum Verlauf des Feedback-Prozesses sowie zum Gesamteindruck einerseits und den Effekten anderseits hat sich in der Praxis bewährt.

Sowohl für Führungskräfte als Feedback-Nehmer wie auch für Mitarbeiter als Rückmelder können getrennte Fragebogen erstellt werden, um unterschiedliche Frageschwerpunkte zu bilden.

Fragen können sich beziehen auf:

- den Informationswert des Verfahrens für Vorgesetzte und Mitarbeiter hinsichtlich der gewünschten Veränderungen im Führungsverhalten;
- konkrete Veränderungen in der Zusammenarbeit bzw. im Führungsverhalten;
- Änderungen in der Motivation, der Arbeitszufriedenheit und im Leistungsverhalten;
- Vermittlung von Ziel, Zweck und Ablauf von Vorgesetzten-Feedback (z.B. Information durch das Projektteam);
- Form, Ablauf und Inhalte der Ergebnispräsentation;
- die Rolle des Moderators bei Rückmeldungen im Team, beispielsweise im Führungskräfte-Workshop.

### 5.4.4.2 Kosten-Nutzen-Aspekte

Zu der Frage der Kosten-Nutzen-Betrachtung von Vorgesetzten-Feedback in welcher Form auch immer liegen keine „harten Fakten" vor. Vielmehr existieren Studien, die nur allgemeine Aussagen zulassen. Dies zum einen, weil in diesen Untersuchungen die methodischen Vorgehensweisen häufig unzulänglich sind, keine Hypothesen gebildet oder differenzierte Bewertungen hinsichtlich der Teilschritte bei der Bewertung vorgenommen wurden (Information, Durchführung, Rückmeldung usw.). *Reinecke* (1983) und *Hofmann* et al. (1995) gehen jedoch davon aus, daß Vorgesetztenbeurteilungen *grundsätzlich* zu positiven Veränderungen im Führungshandeln führen.

Über den Umweg der Ermittlung der Kosten, die entstehen, wenn kein Vorgesetzten-Feedback durchgeführt wurde, könnte der Nutzen transparenter gemacht werden.

Der *Return of Investment* könnte beispielsweise bei einer derartigen Betrachtung wie folgt aussehen:

- weniger Ausschuß bei der Produktion,
- höhere Produktivität,
- geringere Fehlzeiten,
- weniger Materialverlust,
- höhere Arbeits- und Lebenszufriedenheit der Mitarbeiter sowie
- stärkere Motivation der Geführten.

Diese positiven Veränderungen wirken sich wiederum *direkt* oder *indirekt* aus und lassen sich manchmal auch bilanzieren.

### 5.4.4.3 Checkliste Evaluierungsphase

**Checkliste Evaluierungsphase**

*Welchem Ziel soll die Evaluation dienen?*
- Öffentlichkeitsstrategie?
- Interne Kontroll- und Entscheidungsfunktion?
- Erkenntnisverbesserung?
- Kosten-Nutzen-Relation?

*Was soll evaluiert werden?*
- Das „Produkt" Führungskräfte-Feedback?
- Der Feedback-Prozeß selbst?

*Wie soll evaluiert werden?*
- Soll ein Fragebogen oder eine andere Vorgehensweisen gewählt werden?

# 6. Widerstände gegen ein Vorgesetzten-Feedback

Bedenken gegen ein Vorgesetzten-Feedback bestehen vor allem auf seiten derer, die eine Einschätzung abgeben sollen. Es werden Risiken und Probleme gesehen, die die unterschiedlichsten Widerstände provozieren. Widerstände sind dann besonders groß, wenn wenig oder kein Vertrauen zur Unternehmensleitung bzw. zu den Führungskräften vorhanden ist.

Da mit dem Vorgesetzten-Feedback in erster Linie eine bessere, vertrauensvollere Zusammenarbeit geschaffen werden soll, ist zunächst Vertrauen notwendig. Weiter hängt eine erfolgreiche Einführung von der Bereitschaft aller Beteiligten ab, ihr eigenes Handeln zu überprüfen und gegebenenfalls zu verändern. Davon sind nach *Reinecke* (1983) sowie *Ebner/Krell* (1991) folgende Gruppen besonders betroffen:

– Führungskräfte
– Mitarbeiter
– Arbeitnehmervertretung
– Unternehmensleitung

Weil bis heute eine Rückkoppelung erlebten Führungsverhaltens in Unternehmen eher selten ist, kommen die größten Widerstände aus den Reihen der Manager selbst. Im Mittelpunkt ihrer Befürchtungen steht ein Macht- und Prestigeverlust, der durch ein Führungskräfte-Feedback verursacht werden könnte.

## 6.1 Bedenken der Führungskräfte

Als Gründe für *Widerstände bei Führungskräften* werden genannt:

- Die Folge von Vorgesetzten-Feedback sei ein Autoritätsverlust, ein Aufweichen der Führungsposition und damit des Einflusses von Führungskräften.
- Mitarbeiterurteile führten zu einer Abhängigkeit der Führungskräfte von anderen und förderten die Fremdbestimmung.
- Die Chance, Vorgesetzten eine Rückmeldung über deren Führungsverhalten zu geben, führe bei Mitarbeitern und anderen Zielgruppen zu einem Mißbrauch dieser „Macht" für eigene Ziele.
- Rückkoppelungen von erfahrenem Führungsverhalten gäbe Mitarbeitern die Chance, sich an Führungskräften zu rächen.
- Führungskräfte könnten von anderen überhaupt nicht gerecht beurteilt werden.
- Vorgesetzten-Feedback führe zu negativen Personalentscheidungen und hätte u.U. Auswirkungen auf die berufliche Karriere von Führungskräften.
- Es entstünden unkontrollierbare Nebenwirkungen aufgrund einer sich entwickelnden Eigendynamik während des Feedback-Prozesses.
- Der Nutzen von Rückmeldungen an Führungskräfte als Mittel einer Optimierung der Zusammenarbeit wird grundsätzlich angezweifelt.
- Aufwand und Ertrag des Verfahrens stünden in keiner Relation zueinander.

## 6.2 Befürchtungen der Mitarbeiter

An erster Stelle der Argumentation gegen ein Vorgesetzten-Feedback führen Mitarbeiter die Furcht vor negativen

Folgen im Sinne von Retourkutschen durch die Führungskräfte an.

Widerstände bei Mitarbeitern werden im einzelnen durch folgende Sorgen und Quellen gespeist:
- Nicht genehme Bewertungen führten zu Nachteilen im Berufsalltag.
- Sie fühlten sich geistig, seelisch, emotional und zeitlich überfordert.
- Durch überkommene Glaubenssätze wie: „Es steht mir als Mitarbeiter nicht zu, meinen Vorgesetzten zu bewerten!"
- Der Aufwand für das Feedback sei zu groß.
- Trotz Rückmeldung des erlebten Führungsverhaltens ändere sich ja doch nichts.
- Vorgesetzten-Feedback mache alles nur noch schlimmer, da die Führungskräfte danach erst recht Druck ausübten.

Als Konsequenz dieser Befürchtungen findet sich nicht selten eine Blockadehaltung gegenüber dem Vorhaben. Besonders markant ist sie, wenn eine Verpflichtung zum Feedback besteht. Auch findet man als Folge derartiger Einstellungen positiv frisierte Einstufungen oder Beschreibungen von Vorgesetzten, die eher als ungeeignet oder autoritär gelten. Dadurch wird diese Führungskraft in ihrem negativen Führungsverhalten bestärkt, was eine Verschlechterung des Führungsklimas im Umfeld dieses Managers nach sich zieht. Das Resultat: Die negative Einstellung der Mitarbeiter zum Führungskräfte-Feedback wird bestätigt!

## 6.3 Problemsicht der Arbeitnehmervertreter

Das personalpolitische Instrument Vorgesetzten-Feedback ist, wenn es als Beurteilung Auswirkungen auf die Karriere oder Bezahlung einer Führungskraft hat, durch das

Betriebsverfassungsgesetz geregelt. Es ist in *Form einer Beurteilung* ein zustimmungspflichtiges Verfahren, von dem viele Arbeitnehmervertretungen befürchten, daß es ihre Einflußmöglichkeiten beschneidet, da Mitarbeiter das Thema Führung nun selbst regeln könnten. Letzteres führe zu einer Spaltung der Belegschaft und ihrer Interessenvertretung. Darüber hinaus betrachten manche Arbeitnehmervertreter das Vorgesetzten-Feedback als eine ungeeignete Methode zur Schaffung einer echten Mitarbeiterbeteiligung und sprechen von „Scheinpartizipation" und „Alibiinstrumenten" (*Breisig,* 1990).

*Reinecke* (1983) faßt diese Kritik in zwei Hauptpunkten zusammen:

1. Das *Kosten-Nutzen-Verhältnis* des Verfahrens sei *unausgewogen,* weil:

   – es keine aussagekräftige Überprüfung von Vorgesetztenverhalten erlaube und damit keine Konsequenzen nach sich ziehe;
   – alle Verfahren zu aufwendig seien und Belastungen von Führungskräften und Mitarbeitern darstellten, die mit erheblichen finanziellen Kosten für die Organisation verbunden seien.

2. Kosten und Nutzen des Verfahrens hielten sich zwar die Waage,

   – führten aber zu einem Macht- und Statusverlust beurteilter Vorgesetzter, die auf lange Sicht Führungsgrundsätze aufweichten bzw. entwerteten;
   – gute Führungskräfte verfügten aber über ausreichende Fähigkeiten zur Selbstreflexion, so daß sie ihr Verhalten im Umgang mit den Beschäftigten selbstregulativ korrigieren könnten.

Die sinnvollste und erfolgreichste Strategie zur Einführung von Vorgesetzten-Feedback ist eine offene Kommunikation zwischen der Geschäftsführung und der Arbeitnehmervertretung, begleitet von einem umfassenden Informationsaustausch. So wird Argwohn abgebaut, und Zielvorstellungen beider Seiten können konkretisiert werden. Eine Annäherung der Standpunkte und der Abbau von Vorurteilen wird dadurch möglich. Dort, wo eine vertrauensvolle Zusammenarbeit der Sozialpartner bisher funktioniert hat, wird es auch bei dieser Frage einen entsprechenden Konsens geben.

## 6.4 Bedenken von Geschäftsführung und Entscheidungträgern

„Die Treppe wird von oben gekehrt", heißt es treffend, wenn es darum geht, die Bedeutung der Unterstützung der Geschäftsleitung für ein innovatives Projekt im Personalbereich deutlich zu machen. Auch die Einführung von Vorgesetzten-Feedback muß zur „Chefsache" erklärt werden. Damit wird die Identifikation der Unternehmensleitung mit dem Projekt zu einem der wichtigsten Erfolgsfaktoren. Nur das Top-Management kann die entsprechenden Weichenstellungen vornehmen und die wichtigsten Entscheidungen treffen. Widerstände aus ihren Reihen wirken sich negativ auf die Bereitstellung *personeller, zeitlicher* und *finanzieller Ressourcen* der nachfolgenden Hierarchieebenen aus.

Potentielle Ablehnungsgründe seitens der obersten Führungsebene sind teilweise mit denen von Führungskräften identisch, haben darüber hinaus aber noch spezielle Inhalte:

– es bestehen Zweifel an der Effektivität und Effizienz des Instruments;
– Urteile der Belegschaft über das Führungsverhalten des Managements werden als nicht vereinbar mit den Grundlagen der Organisation des Unternehmens und den Führungsprinzipien gesehen;

- störende Nebenwirkungen werden befürchtet, die der Firma schaden könnten;
- die Beitrittsbereitschaft externer, potentieller Führungskräfte ins Unternehmen nähme durch das Wissen um das praktizierte Rückmeldeverfahren ab;
- die Kosten für die Umsetzung des Verfahrens werden als zu hoch eingestuft.

Solche Befürchtungen können nur ausgeräumt und einer Klärung zugeführt werden, wenn sie in den obersten Führungszirkeln ausdiskutiert werden. Dabei sollten vor allem die Fragen der Zielsetzung und des Stellenwertes des Instruments im Vergleich zu anderen, bereits angewandten Verfahren, fokussiert werden.

### 6.5 Möglichkeiten mit Widerstand gegen ein Vorgesetzen-Feedback umzugehen

*Glasl* (1990) unterscheidet beim Umgang mit Widerständen zwischen *deeskalierenden* und *eskalierenden Strategien*, die *präventiv* oder *kurativ* angewandt werden können (Abb. 12).

Um ein personalpolitisches Instrument wie das Vorgesetzten-Feedback reibungslos und konfliktfrei einzuführen, empfiehlt es sich, eine *präventiv-deeskalierende Strategie* einzuschlagen. Sie bietet den Vertretern aller beteiligten Gruppen die Gewähr, ihre unterschiedlichen Standpunkte und Sichtweisen in die Diskussion um die Ausgestaltung des Verfahrens einbringen zu können. Gemeinsam werden dabei Auswirkungen bzw. Effekte des neuen Verfahrens gedanklich durchgespielt und Regeln für den Umgang festgelegt.

Eine *präventiv-eskalierende Strategie* macht immer dann Sinn, wenn unterschiedliche Gruppen oder Personen den Fortgang der Einführung von Vorgesetzten-Feedback behindern. Mit dieser Vorgehensweise können in kürzester

|  | Deeskalierend | Eskalierend |
|---|---|---|
| Präventiv | Projektsitzungen mit allen beteiligten Gruppen und Personen | z. B. Konfrontationssitzungen |
| Kurativ | z. B. Darstellung unterschiedlicher Sichtweisen und Wahrnehmungen | z. B. konkretes Durchspielen des Verfahrens bzw. eines Gesprächs mit Ergebnisrückmeldung |

**Abb. 12:** Umgang mit Widerständen

Zeit bestehende Probleme und Konflikte um die Einführung von Vorgesetzten-Feedback herausgearbeitet werden. In einer gemeinsamen Sitzung werden dazu folgende Schritte absolviert:

1. Einführung in die Ziele des Projektes durch ein Mitglied des Projektteams mit Darlegung des eigenen Interesses und Engagements. Durch Zusicherung, daß niemand Sanktionen zu befürchten braucht, bittet es die Anwesenden, die von ihnen gesehenen Probleme und Befürchtungen zu benennen.
2. Bilden von Kleingruppen mit der Zielsetzung, alle Schwachpunkte, Zielunklarheiten und Vorschläge zur Verbesserung des Verfahrens zu sammeln.
3. Präsentation der Ergebnisse aus den Kleingruppen im Plenum.
4. Festlegen von Sofortmaßnahmen, um die bestehenden Befürchtungen, Sorgen und Probleme in den Griff zu bekommen.

*Kurativ-eskalierend* vorzugehen bietet sich immer dann an, wenn sich in spezifischen Projektphasen neue Perspektiven, Erkenntnisse oder Informationsstände bei bestimmten Zielgruppen ergeben, wenn also Mitarbeiter und Vorgesetzte unterschiedliche Standpunkte zu bestimmten offenen Fragen entwickeln, die ihre Rolle im Gesamtprozeß betreffen. Im gemeinsamen Durchspielen der Ernstsituation, wie z.B. im Rollenspiel zum „Orientierungsgespräch", einer dialogischen Form von Vorgesetzten-Feedback, können die Anforderungen und notwendigen Verhaltensweisen erlebt und besser verstanden werden. Zudem werden potentielle Schwierigkeiten, die bei der konkreten Anwendung auftreten können, sichtbar, und es kann gemeinsam nach Lösungen gesucht werden.

Kurativ-deeskalierend sind Strategien, die es Gruppen oder einzelnen Personen im Unternehmen ermöglichen, ihre Wahrnehmungen und Sichtweisen zu beschreiben, um damit anderen ein besseres Verstehen ihres Standpunktes zu ermöglichen. Hier bieten sich Diskussionsrunden mit den Betroffenen an, um die unterschiedlichen Sichtweisen zum Thema abzuklären.

### 6.5.1 Die präventiv-deeskalierende Vorgehensweise in der Praxis

Um Mißtrauen, Mißverständnissen und Konflikten im Vorfeld der Einführung von Vorgesetzten-Feedback zu begegnen, haben sich in der Praxis einige präventiv-deeskalierende Umsetzungsschritte bewährt, die die Aussicht auf Erfolg des Projektes erhöhen. Diese sind:

1. Alle beteiligten Gruppen müssen rechtzeitig vor konzeptionellen Überlegungen über das angedachte Projekt in Kenntnis gesetzt werden.
2. Während der Projektierungsphase sollte kontinuierlich über die Fortschritte des Projektteams und besonders wichtige Meilensteine informiert werden. Auch negative Resultate dürfen dabei nicht ausgespart werden.

3. Eine Informationsmesse oder ein Infoshop können als Abschluß der Projektarbeit für die betroffenen Gruppen die wesentlichsten Informationen zum Vorgesetzten-Feedback darstellen. Auf Stellwänden präsentiert die Projektgruppe in verständlicher Form und möglichst visualisiert die Resultate ihrer Arbeit. Mitglieder des Projektteams stehen während der Veranstaltung Rede und Antwort und werben für das Projekt.
4. Abschließende Informationen können dann durch Multiplikatoren in Bereichs-, Abteilungs- oder Mitarbeiterbesprechungen an die Zielgruppen weitergegeben werden. Rundschreiben, Werk- oder Mitarbeiterzeitungen, Informationsbroschüren oder persönliche Anschreiben vervollständigen die Möglichkeiten hierzu.

## 6.6 Rechtliche Fragen in Zusammenhang mit dem Vorgesetzten-Feedback

### 6.6.1 Die Mitbestimmung des Betriebsrates nach dem Betriebsverfassungsgesetz

Der § 94 Betriebsverfassungsgesetz (BetrVG) gibt dem Betriebsrat ein Mitbestimmungsrecht bei der Einführung von Personalfragebogen. In § 94 BetrVG heißt es:

*„(1) Personalfragebogen bedürfen der Zustimmung des Betriebsrates. Kommt eine Einigung über ihren Inhalt nicht zustande, so entscheidet die Einigungsstelle. Der Spruch der Einigungsstelle ersetzt die Einigung zwischen Arbeitgeber und Betriebsrat.*
*(2) Absatz 1 gilt entsprechend (...) für die Aufstellung allgemeiner Beurteilungsgrundsätze."*

Unter allgemeine Beurteilungsgrundsätze fallen im Sinne des § 94 Abs. 2 BetrVG nach herrschender Rechtsmeinung alle Regeln, Richtlinien oder Systeme, mit denen neu einzustellende Bewerber oder bereits Beschäftigte fachlich oder persönlich beurteilt werden. Dabei ist das Mitbestimmungsrecht nach § 94 Abs. 2 BetrVG dahingehend eingeschränkt, daß dem Betriebsrat keine Mitbestimmung bei den einzelnen Beurteilungsvorgängen zugestanden wird. Somit ist das Mitbestimmungsrecht auf das Konzeptionelle, den Rahmen eines Personalbeurteilungs-Systems eingeschränkt, also auf alle Vorgänge, die der eigentlichen Beurteilung vorausgehen. Dennoch hat der Betriebsrat einen großen Einfluß auf die Gestaltung von Beurteilungsverfahren für Mitarbeiter. Mitzubestimmen hat er vor allem über:

– das Grundsätzliche des Beurteilungssystems bzw. dessen Konzeption,
– Merkmale und Kriterien, die im Beurteilungsverfahren Verwendung finden, sowie deren Gewichtung,
– die Maßstäbe für die Beurteilung und Bewertung,
– Ablauf- und Verfahrensfragen wie das Eingrenzen der Gruppe der Beurteiler oder das Festlegen der Beurteilungszeiträume,
– Fragen der Auswertung von Beurteilungsbogen,
– die Schaffung von Einspruchs- und Beschwerdemöglichkeiten für Betroffene (vgl. *Breisig,* 1989; *Gnade* et al. 1983).

Damit betont der § 94 BetrVG die Mitbestimmung des Betriebsrates bei der Aufstellung der Grundsätze. Mit Blick auf ein Vorgesetzten-Feedback, das mit Fragebogen oder anderen Verfahren durchgeführt wird, die allgemeine Beurteilungsgrundsätze enthalten, ist es deshalb empfehlenswert, den Betriebsrat schon in der Entwicklungsphase einzubeziehen. Anders verhält es sich beispielsweise bei Feedback-Verfahren in dialogischer Form, Workshops oder Interviews. Hier werden an Vorgesetzte Rückmeldungen gegeben, die sich an den fachlichen, persönlichen oder sonstigen Anforderungen an eine Führungskraft in einer bestimmten Position orientieren, deren Maßstäbe zur Bewertung eher in den Köpfen der Betroffen oder in abstrakt formulierten *Führungsgrundsätzen* verankert sind. Führungsgrundsätze stellen funktionsbezogene Anforderungsprofile dar. Eine mögliche Mitbestimmung in bezug auf die Führungsgrundsätze hätte der Betriebsrat über den § 95 BetrVG, der etwas über die Auswahlrichtlinien aussagt. Unter Auswahlrichtlinien werden Grundsätze verstanden,

> *„die allgemein oder für bestimmte Arten von Tätigkeiten festlegen, welche Voraussetzungen bei der Durchführung von personellen Einzelmaßnahmen vorliegen müssen oder nicht vorliegen dürfen und welche sonstigen Gesichtspunkte bei ihnen im Hinblick auf die Arbeitnehmer weiter zu berücksichtigen sind oder außer Betracht zu bleiben haben" (Fitting et al., 1987, Rn 4 zu § 95 BetrVG).*

Die herrschende Rechtsprechung verneint hier jedoch eine Mitbestimmung des Betriebsrats. Danach unterliegen Anforderungsprofile und Stellenbeschreibungen nicht der Mitbestimmung (BAG vom 31.5.1983 – 1 ABR 6/80 und BAG vom 31.1.1984 – 1 ABR 63/81). Dies gilt in gleicher Weise für Führungsgrundsätze bzw. -leitlinien (BAG vom 23.10.1984 – 1 ABR 2/83:

> *„Regeln Führungsrichtlinien, in welcher Weise Mitarbeiter allgemein ihre Arbeitsaufgabe und Führungskräfte ihre Führungsaufgaben zu erledigen haben, so wird damit lediglich das Arbeitsverhalten der Mitarbeiter geregelt. Die Einführung solcher Führungsrichtlinien unterliegt nicht der Mitbestimmung des Betriebsrats."*

Ein Vorgesetzten-Feedback, das nicht auf allgemeinen Beurteilungsgrundsätzen basiert, stellt demnach eine Einzelfallbeurteilung dar. Sie unterliegt weder der Mitbestimmung nach § 94 noch der nach § 95 BetrVG.

# 7. Weitere Bedingungen für die Einführung von Vorgesetzten-Feedback

Nach der Beschreibung der spezifischen Vorgehensweise zur präventiv-deeskalierenden Strategie als wesentlicher Voraussetzung für die erfolgreiche Einführung der Rückmeldung erlebten Führungsverhaltens sollen nachfolgend einige weitere Erfolgsfaktoren beleuchtet werden.

## 7.1 Personale Voraussetzungen

Mitarbeiter, Kollegen und andere Personengruppen, die Managern Rückmeldung über deren Führungsverhalten geben sollen, müssen befähigt werden, relevante Informationen hierzu aufzunehmen und zu bewerten. Sie müssen Entscheidungen darüber treffen, was wichtig und was unwichtig ist, und sich mit anderen darüber verständigen. Diese Kompetenz wird den rückmeldenden Zielgruppen i.d.R. abgesprochen. *Reinecke* (1990) schlägt bei standardisierten Verfahren vor, die Personengruppen, die eine Bewertung abgeben sollen, entsprechend zu schulen und durch eine umfassende Information auf ihre Aufgabe und Verantwortung vorzubereiten. *Köhler* (1995) geht davon aus, daß solch ein Training nur dann notwendig ist, wenn das Vorgesetzten-Feedback zu *Selektionszwecken* eingesetzt wird. Ansonsten sei gerade das subjektive Wahrnehmen und Empfinden des Führungshandelns substantiell. Genau diese Subjektivität sei es, die letztlich über die Stärke von Arbeitszufriedenheit und Leistungsmotivation jedes einzelnen Mitarbeiters entscheidet.

Die federführende Projektgruppe sollte daher die Empfehlung aussprechen, zumindest die Führungskräfte in Gesprächsführung zu schulen. Finden Rückkoppelungsgespräche mit einzelnen Mitarbeitern, Teams oder in Workshops statt, so müssen zumindest Grundkenntnisse der Gesprächsführung vorhanden sein. Nur so können sich Leitungskräfte auf die Inhalte der Rückmeldung einlassen und damit erfolgreich umgehen. Idealerweise sollten die Kommunikationspartner eine gemeinsame Sprache sprechen, um dadurch die Gefahr, sich mißzuverstehen, zu minimieren.

## 7.2 Regeln für die Implementierung von Vorgesetzten-Feedback

Folgende Regeln helfen, ein Vorgesetzten-Feedback erfolgreich im Unternehmen einzuführen (vgl. *Shepard*, 1967; *Weick*, 1985; *Wagner*, 1995):

Regel Nr. 1: *Suchen Sie Promotoren, die die Einführung von Feedback für Führungskräfte fördern!*

Neue Ideen brauchen Unterstützung durch einflußreiche Organisationsmitglieder (Machtpromotoren, Fachpromotoren).

Regel Nr. 2: *Arbeiten Sie nicht gegen die Kräfte der Organisation!*

Veränderungen müssen mit den Kräften der Unternehmung geschehen und nicht gegen sie. Nehmen Sie Bedenken auf und Widerstände ernst. Setzen Sie sich mit Menschen zusammen, die Ängste und Befürchtungen haben, und versuchen Sie, diese von Ihrem Projekt zu überzeugen.

Regel Nr. 3: *Holen Sie die Menschen dort ab, wo sie tatsächlich stehen!*

Machen Sie sich zuerst ein Bild von der „Reife" der Kultur, einzelnen Bereichen oder Mitarbeitern, um die Ausgangssituation richtig einzuschätzen.

Regel Nr. 4: *Fahren Sie mehrgleisig!*

In komplexen und stark vernetzten Organisationen brauchen Innovationen Anschub von mehreren Seiten. Versuchen Sie daher, Ihr Vorhaben auf mehreren Wegen und Ebenen in Bewegung zu setzen.

Regel Nr. 5: *Sorgen Sie für „positive Unruhe"!*

Wenn Veränderungen im Denken und Handeln stattfinden sollen, müssen Sie für Unruhe sorgen, um kontrolliert Energien und Emotionen freizusetzen. Es ist besser, sich mit Bedenken und Widerständen auseinanderzusetzen als mit destruktiver Passivität.

Regel Nr. 6: *Seien Sie kompromißbereit!*

In Organisationen gibt es veränderungsbereite Kräfte, die Innovationen wünschen und einer Einführung von Vorgesetzten-Feedback vorbehaltlos zustimmen. Andere lehnen sie u.U. vehement ab und beharren auf dem Status quo. Sie müssen versuchen, zwischen diesen Tendenzen zu vermitteln und eine für alle Seiten akzeptable Lösung zu finden.

Regel Nr. 7: *Lassen Sie den Erfolg für sich arbeiten!*

Beginnen Sie nicht mit dem großen Wurf, indem Sie versuchen, das Feedback-Verfahren gleich unternehmensweit einzuführen, sondern sammeln Sie zunächst kleine Erfolge, die für Ihr Projekt sprechen. Lassen sie ein Manager-Feedback zunächst in einzelnen Abteilungen oder Bereichen praktizieren und berichten Sie von den positiven Reaktionen der Beteiligten. Dies schafft mehr Akzeptanz und Bereitschaft mitzumachen als alle graue Theorie oder Appelle an den gesunden Menschenverstand.

Regel Nr. 8: *Testen Sie zunächst Ihr Vorhaben!*

Um notorischen Bedenkenträgern oder Gegnern einer Führungskräfte-Bewertung nicht noch Argumentationshilfe zu geben, indem ein unausgereiftes, mit Fehlern behaftetes Verfahren eingesetzt wird, sollte zunächst eine Art Pilotstudie durchgeführt werden. Das neue Werkzeug muß hinsichtlich bestimmter bewährter Kriterien getestet werden. Dazu gehören z.B. die Verständlichkeit, die zeitliche Ökonomie sowie erwünschte und unerwünschte Effekte.

# 8. Der Fragebogen als Feedback-Instrument für Führungsverhalten

## 8.1 Vor- und Nachteile des Fragebogenverfahrens

Das Arbeiten mit einem Fragebogen hat natürlich Vorteile gegenüber anderen Methoden. So ist zum einen die Vergleichbarkeit der Ergebnisse gegeben, und es können alle Möglichkeiten der statistischen Auswertung genutzt werden, wie sie von leistungsfähiger Statistiksoftware geboten wird. Darüber hinaus ist ein Fragebogen leicht handhabbar. Nachteilig sind die Möglichkeiten, diesen zu verfälschen, also beispielsweise sozial erwünscht zu antworten, so, wie der Befragte glaubt, daß es am ehesten allgemein akzeptiert wird. Oder es gibt Probleme der Interpretation der Antworten, etwa dann, wenn Begriffe nicht eindeutig zugeordnet werden können. Ist beispielsweise „selten" ein-, zwei- oder dreimal im Jahr, oder bedeutet „häufig" vielleicht täglich?

## 8.2 Konstruktion des Fragebogens

Vergleicht man gängige Fragebogen zur Vorgesetztenbeurteilung, wird rasch deutlich, daß sie im wesentlichen aus Items bestehen, die *der Aufgaben- und Mitarbeiterorientierung* zuzuordnen sind. Sie stellen häufig Variationen des bereits dargestellten FVVB dar. Dabei schwankt die Anzahl der Dimensionen zwischen fünf und elf, die sich weitgehend entsprechen. Sinnvollerweise sollten sich die Inhalte von Fragebogen an den *Zielen des Gesamtkonzeptes* orientieren. Es empfiehlt sich daher, *Führungsleitlinien oder -grundsätze* zum Maßstab für die Rückmeldung an Führungskräfte zu machen. Dort, wo diese noch nicht existieren, bietet sich die Gelegenheit, sie im Zuge der Erarbeitung des Feedback-Instruments in Angriff zu nehmen.

Ein Beispiel für *Führungsgrundsätze,* abgeleitet aus dem Unternehmensleitbild eines Kreditinstitutes:

**Einführung**

Die Basis des Führungshandelns in allen Bereichen sollte sein:

- die Erkenntnis, daß die Arbeitszufriedenheit des einzelnen Mitverantwortlichen mit dem Wohlergehen der Bank untrennbar verwoben ist
- daß alle Tätigkeiten sich an unserem Qualitätsstandard ausrichten
- wir uns an den Anforderungen des Marktes und den Bedürfnissen unserer Kunden ausrichten
- die Einsicht, daß die langfristige Unternehmenssicherung maßgeblich von der Leistungsfähigkeit und -bereitschaft unserer Belegschaft abhängt
- ein Menschenbild, das durch einen respektvollen Umgang miteinander und die Achtung voreinander gekennzeichnet ist, unabhängig davon, welche Aufgabe ein Mitverantwortlicher in unserem Institut ausübt.

Eine Führungskraft unseres Institutes soll sich künftig durch folgende Eigenschaften auszeichnen:

1. Die Bereitschaft zur persönlichen Veränderung sowie bereichsübergreifendem Denken und Handeln
2. Ausgeprägtes persönliches Engagement und Führungswillen
3. Überzeugte Identifikation mit den Zielen der Bank
4. Konsequenter Einsatz von Führungsinstrumenten
5. Teamorientierung
6. Offene, intensive Kommunikation und Information sowie konstruktiver Umgang mit Konflikten
7. Glaubwürdigkeit
8. Verantwortungsbereitschaft
9. Qualitätsbewußtsein
10. Betriebswirtschaftliches Denken und Handeln

Aus den Eigenschaften abgeleitete Führungsgrundsätze (Beispiel zu 1.)

> Im folgenden werden die geforderten Führungseigenschaften operationalisiert:
> Eine Führungskraft ist veränderungsbereit.
> Das heißt: Die Führungskraft ...
> – stemmt sich neuen Ideen nicht entgegen, sondern macht den Weg für Veränderungen frei
> – ist Neuerungen gegenüber aufgeschlossen
> – regt an, über Verbesserungen nachzudenken
> – gibt Mitarbeitern Hilfestellung bei Veränderungen
> – begreift Änderungen als Chancen und vermittelt dies auch anderen
> – gibt den Mitarbeitern im Veränderungsprozeß Sicherheit und Halt
> – klebt nicht am Bisherigen (Arbeitsstil, Arbeitsort, Aufgabengebiet)
> – hilft Anlaufschwierigkeiten bei Veränderungen zu überwinden
> – tut ihr Möglichstes, um Veränderungen zum Erfolg zu führen
> – reagiert flexibel auf geänderte Anforderungen usw.

Ein anderer Ansatz der Konstruktion eines Fragebogens zum Führungsverhalten kann darin bestehen, die Sichtweisen, Ideen und Vorstellungen der *unmittelbar Betroffenen* und *Beteiligten* aufzunehmen. Dies ist vorteilhaft, weil die spezifischen Voraussetzungen und Rahmenbedingungen erfaßt werden und so das Instrument von den Beteiligten mitgetragen werden kann. Folgende Fragen sind hier zu stellen:

– Welche Verhaltensdimensionen sind aus Sicht der Feedback-Geber für eine gute Zusammenarbeit und Arbeitszufriedenheit bedeutsam?
– Werden die Dimensionen von den Betroffenen aus den verschiedenen Unternehmens- und Arbeitsbereichen als unterschiedlich wichtig angesehen?
– Schätzen Führungskräfte und Mitarbeiter die Bedeutsamkeit dieser Dimensionen unterschiedlich oder identisch ein?

Die Antworten auf diese Fragen können über Gruppendiskussionen oder Einzelinterviews erhoben werden. Aber auch schriftliche Befragungen von Mitarbeitern und Vorgesetzten machen Sinn. Im letztgenannten Fall ist es von Vorteil, eine *Merkmalliste* zu versenden. Auf ihr können die Befragten Kriterien gewichten und somit eine Rangreihe von Führungseigenschaften und -verhaltensweisen generieren. Relevant sind in erster Linie die Merkmale des Vorgesetztenhandelns, die hinsichtlich der erfolgreichen Zusammenarbeit aussagekräftig sind. Vorzuziehen sind handlungsbezogene Merkmale, die über konkrete Verhaltensweisen der Führungskraft Auskunft geben, d.h. die *beobacht- und beschreibbar* sind. Je konkreter die Kriterien im später ausgegebenen Fragebogen formuliert sind, desto größer ist die Chance, daß die Hinweise aus dem Feedback ihre positive Wirkung bei Vorgesetzten tun. Zudem verhindert eine Operationalisierung von Führungsdimensionen unterschiedliche Auslegungen bei der Beantwortung der Fragen, da der Interpretationsspielraum stark eingeschränkt wird. Bei abstrakten Kategorien, die schwer zu operationalisieren sind, wie etwa „Offenheit", ist deshalb die Gefahr eines unterschiedlichen Verständnisses auch größer.

*Beispiel für eine Merkmalliste:*

A) Welches Verhalten sollte Ihrer Meinung nach ein guter Vorgesetzter zeigen?

In der nachfolgenden Auflistung finden Sie verschiedene Verhaltensweisen beschrieben. Kreuzen Sie bitte die Handlungsweisen an, von denen Sie sich wünschen, daß sie Ihr Vorgesetzter zeigt.

Unter Umständen halten Sie alle Aussagen zum Führungsverhalten Ihres Vorgesetzten für wichtig. Dennoch gibt es innerhalb von Führungsverhaltensweisen besonders wichtige und weniger wichtige. Versuchen Sie daher bitte eine Gewichtung mittels der Antwortstufen vorzunehmen.

Kreuzen Sie bitte jeweils nur eine Antwortstufe an!

Ausschnitte eines Fragebogens mit dem relevante Führungsdimensionen eruiert werden sollen:

Ausschnitt aus einem Befragungsteil für Mitarbeiter:

| Als Mitarbeiter ist es wichtig für mich, daß mein direkter Vorgesetzter ... | *un-wichtig* | *eher un-wichtig* | *mäßig wichtig* | *eher wichtig* | *wichtig* |
|---|---|---|---|---|---|
| – für zwischenmenschliche Beziehungen ein Gespür hat | | | | | |
| – sich vorbildlich verhält | | | | | |
| – Aufgaben delegiert | | | | | |
| – bei auftretenden Fehlern gemeinsam mit mir nach der Ursache sucht | | | | | |
| – nicht in meinen Verantwortungsbereich eingreift | | | | | |
| – die Interessen seiner Mitarbeiter vertritt | | | | | |
| – die Arbeit der Mitarbeiter optimal organisiert | | | | | |
| – sich teamorientiert verhält | | | | | |
| – termintreu ist | | | | | |

Was möchten Sie als Mitarbeiter bei einem Feedback vor allem rückmelden?

1) ............................................
2) ............................................
3) ...................................... usw.

Ausschnitt aus dem Befragungsteil für Führungskräfte:

| Als Führungskraft ist mir besonders wichtig, daß ich ... | *un-wichtig* | *eher un-wichtig* | *mäßig wichtig* | *eher wichtig* | *wichtig* |
|---|---|---|---|---|---|
| – mich vorbildlich verhalte | | | | | |
| – meine Mitarbeiter zum Mitdenken anhalte | | | | | |
| – Aufgaben an fähige Mitarbeiter delegiere | | | | | |
| – Mitarbeiter rechtzeitig informiere | | | | | |
| – Mitarbeiter bei Problemen unterstütze | | | | | |
| – regelmäßig Zielvereinbarungsgespräche mit Mitarbeitern führe | | | | | |
| – die Arbeit der Mitarbeiter optimal organisiere | | | | | |
| – die berufliche Entwicklung meiner Mitarbeiter fördere | | | | | |
| – termintreu bin | | | | | |

Welches sind für Sie als Führungskraft die zehn wichtigsten Führungsaufgaben? Tragen Sie diese bitte in nachfolgende Liste ein.

1) ............................................
2) ............................................
3) ............................................
usw.

Worüber möchten Sie als Vorgesetzter in einem Feedback vor allem Rückmeldung erhalten?
1) ...........................................
2) ...........................................
3) ...........................................
usw.

Worüber möchten Sie keinesfalls ein Feedback?
1) ...........................................
2) ...........................................
3) ...........................................
usw.

Die sinnvollste Strategie bei einer Fragebogenkonstruktion ist die eines kombinierten Vorgehens, d.h., es sollten die betrieblichen Führungsleitlinien und die allgemeinen Anforderungen an Führungskräfte, wie sie in der neueren Führungsliteratur beschrieben sind, Eingang in den Fragebogen finden. Beides kann durch „bewährte" Punkte aus bereits vorhandenen Fragebogen ergänzt werden. Schließlich ist noch die Sichtweise von Vorgesetzten und Mitarbeitern in den Fragen- und Aussagenkatalog zu integrieren.

Liegen die Dimensionen des interessierenden Führungsverhaltens fest, gilt es, die Fragen bzw. Aussagen des Bogens (Items) zu bestimmen. Hierbei sollte beachtet werden, daß

– einzelne Fragen oder Aussagen nicht ausschließlich negativ formuliert sind, da dies Geringschätzung der Führungsposition oder des Inhabers signalisieren könnte

*Beispiel für eine negative Formulierung:*
☐ *Wer unserem Vorgesetzten unsympathisch ist, hat keinerlei Chance in unserer Firma*

– verhaltensbezogene Items verwendet werden

*Beispiel dafür:*
*Der Vorgesetzte ...*
☐ *sucht gemeinsam mit den Mitarbeitern nach Ursachen, wenn Ziele nicht erreicht werden.*

- bei summarischen Bewertungen die Dimensionen ausführlich beschrieben werden

*Beispiel: „Offenheit"*
☐ *Die Führungskraft ist offen für Vorschläge der Mitarbeiter (sie setzt sich mit den Anregungen der Mitarbeiter auseinander, fragt nach und läßt sich Details erklären).*

- bei Verwendung der Führungsgrundsätze diese einzeln aufgeführt werden

*Beispiel:*
*Führungsgrundsatz: Wir denken und handeln bereichsübergreifend*
☐ *Arbeitet Ihr Vorgesetzter mit vor- und nachgelagerten Unternehmensbereichen kooperativ zusammen?*
*Ist er auch gegenüber anderen Bereichen hilfsbereit?*

Die einzelnen Items können im Rahmen der Projektgruppenarbeit formuliert werden, aus bestehenden Fragebogen übernommen oder mit Hilfe sogenannter „Itempools" generiert werden. Das sind Zusammenstellungen von relevanten Führungsverhaltensweisen über verschiedene Dimensionen, die häufig von Personalberatern angeboten bzw. in der Beratung verwendet werden (siehe Anhang).

Dort, wo der Anspruch auf Wissenschaftlichkeit eine große Rolle spielt, bietet sich eine Item-Analyse an, um eine sinnvolle Interpretation zu ermöglichen bzw. eine hohe *Reliabilität und Validität* zu erzielen. Bei der Item-Analyse werden meist der *Trennschärfekoeffizient* (Zusammenhangsmaß zwischen Item-Antwort und Gesamtwert der entsprechenden Dimension) sowie der sogenannte *Cronbach Alpha* als Maß für die interne Konsistenz der einzelnen Dimension verwendet. Dabei gilt: Je höher die Trennschärfekoeffizienten sind, desto höher ist die Reliabilität des Fragebogens und somit auch die zu erwartende Validität. Der interessierte Leser sei an dieser Stelle auf die fundierten Ausführungen hierzu bei *Lienert* (1989) verwiesen.

## 8.2.1 Die Skalierung

Die im Fragebogen abgebildeten Dimensionen und Merkmalskriterien müssen quantitativ bestimmt werden können. Dies kann auf unterschiedliche Weise geschehen. Man bedient sich dazu verschiedener Formen von graduellen Abstufungen der Qualität eines bestimmten Merkmals, das in sprachlicher Form vorgegeben ist. Diese Quantifizierung wird *Skalierung* genannt und ist meist durch Zahlen oder andere Häufigkeitsmaße abgebildet. Hierzu werden verschiedene Skalenniveaus benutzt (Nominalskala, Ordinalskala, Intervallskala; vgl. *Lienert*, 1989), die je nach Anspruch herangezogen werden. Dies hat besondere Bedeutung, wenn das Vorgesetzten-Feedback zur *Potentialeinschätzung, Gehaltsfindung* oder gar *Selektion* eingesetzt wird. Nur durch eine meßtheoretisch saubere Konstruktion des Fragebogens und eine zulässige Form der statistischen Datenauswertung kann eine Ergebnisinterpretation verhindert werden, die aus testtheoretischer Sicht problematisch ist (vgl. *Lienert*, 1989).

In der Regel werden in der Praxis Einstufungen mit einer Skalenlänge von *fünf Stufen* verwendet.

*Beispiele für Einstufungsmöglichkeiten:*

Kreuzen Sie bitte die Antwortstufe an, von der Sie meinen, daß sie das Auftreten des dargestellten Vorgesetztenverhaltens am treffendsten wiedergibt.

*Mein Vorgesetzter ....*

*geht Konflikte an und löst sie*

| stimmt nicht | 1 | 2 | 3 | 4 | 5 | stimmt |
|---|---|---|---|---|---|---|

oder

*Vereinbart Ihr Vorgesetzter Arbeitsziele gemeinsam mit Ihnen?*
☐ fast nie  ☐ selten  ☐ manchmal  ☐ häufig  ☐ fast immer

oder

*Mein Vorgesetzter erklärt komplexe Sachverhalte einfach, kurz und interessant*

☐ trifft zu  ☐ trifft eher zu  ☐ teils-teils  ☐ trifft eher nicht zu  ☐ trifft nicht zu

oder

*Wie ist die Qualität der Informationen, die Sie von Ihrer Führungskraft erhalten?*

☐ sehr hoch  ☐ hoch  ☐ mittel  ☐ niedrig  ☐ sehr niedrig

oder

*Benoten Sie bitte das Informationsverhalten Ihres Vorgesetzten nach dem Schulnotensystem (1 = sehr gut bis 6 = ungenügend)*

Note ☐

Natürlich sind im Zusammenhang mit der Beantwortung der Fragen bzw. der Bewertung von Aussagen immer auch sogenannte *Response sets* wirksam. Hierunter wird die Neigung der rückmeldenden Person verstanden, die Ratingskala in einer speziellen Art und Weise zu gebrauchen. *Rost* (1996) unterscheidet folgende Tendenzen:

− Tendenz zum mittleren Urteil
− Tendenz zum extremen Urteil
− Ja-sage-Tendenz (Aquieszenz)

sowie die drei gegenläufigen Tendenzen dazu, also

− das Meiden einer mittleren Einstufung,
− das Vermeiden eines Extremurteils und eine
− Nein-sage-Tendenz.

Dem Einfluß von Reponse sets und der damit einhergehenden Beeinträchtigung der Ergebnisse aus dem Feedback kann dadurch begegnet werden, daß die Zahl der Einstufungsmöglichkeiten auf der Ratingskala möglichst niedrig gehalten wird. So wirken sich z.B. Extremurteile auf einer Skala mit drei oder fünf Stufen weniger stark aus als auf einer mit sieben oder gar zehn.

*8.2.2 Ergänzende, offene Fragestellungen*

Offene Fragestellungen geben den Feedback-Gebern die Gelegenheit, über das vorgegebene Raster hinaus qualitative Ergänzungen vorzunehmen. Nach dem Motto: *„Was ich meinem Vorgesetzten schon immer einmal sagen wollte."* Sie können u.U. wichtige Informationen enthalten, die z.B. Rahmenbedingungen, in denen der Führungsprozeß abläuft, beleuchten. Natürlich birgt dies auch immer die Gefahr, daß Geführte dabei ihrem „Frust" unangemessen Ausdruck verleihen. Daß dies weit weniger vorkommt als angenommen, zeigt die Praxis. Am Ende des Bogens kann auch eine Rubrik stehen, die mit: *„Was ich mir von meinem Vorgesetzten wünsche"* überschrieben sein kann. Sie ermöglicht es dem Feedback-Geber, eigene Vorstellungen zum Idealverhalten des Vorgesetzten zu formulieren. Auch dieser Weg über die sehr subjektive Sicht der Geführten gibt den Führungskräften sehr viele interessante Informationen und Anregungen.

*8.2.3 Der Probelauf des Fragebogens*

In der Regel wird in Probeläufen die erste Fassung eines Fragebogens an einer repräsentativen Stichprobe überprüft. Um Erfahrungen mit dem Instrument zu sammeln, werden beispielsweise den Feedback-Gebern die Bogen aus verschiedenen Hierarchiestufen vorgelegt. Der Probelauf ergibt Erkenntnisse über die *Gruppierung der Fragestellungen, mißverständliche Formulierungen* und andere *„Unebenheiten"*, die vor einem breiten Einsatz verändert bzw. optimiert werden müssen. Probedurchgänge sind unbedingt zu empfehlen, da die Beteiligten oft erst bei der Durchführung Probleme der Handhabung oder inhaltliche Ungereimtheiten erkennen, die bei der Konstruktion nicht bedacht wurden.

Beispiel für einen Fragebogen (Kreditinstitut):

| Fragebogen zur Rückkoppelung von erlebtem Vorgesetztenverhalten |
|---|
| 1. Vermittelt Ihnen Ihr Vorgesetzter eine positive Grundeinstellung zu den Zielen und der Philosophie des Unternehmens?<br>☐ fast nie  ☐ selten  ☐ manchmal  ☐ häufig  ☐ fast immer |
| 2. Fördert er die Arbeitsmotivation und -zufriedenheit durch sein Führungshandeln?<br>☐ fast nie  ☐ selten  ☐ manchmal  ☐ häufig  ☐ fast immer |
| 3. Vereinbart Ihr Vorgesetzter Arbeitsziele gemeinsam mit Ihnen?<br>☐ fast nie  ☐ selten  ☐ manchmal  ☐ häufig  ☐ fast immer |
| 4. Bespricht er mit Ihnen die Ergebnisse Ihrer Arbeitsleistung?<br>☐ fast nie  ☐ selten  ☐ manchmal  ☐ häufig  ☐ fast immer |
| 5. Spricht Ihnen Ihr Vorgesetzter Anerkennung und Kritik offen, ehrlich und konstruktiv aus?<br>☐ fast nie  ☐ selten  ☐ manchmal  ☐ häufig  ☐ fast immer |
| 6. Ist er bereit, auf Vorschläge von Ihnen einzugehen?<br>☐ fast nie  ☐ selten  ☐ manchmal  ☐ häufig  ☐ fast immer |
| 7. Weist er neue Mitarbeiter in ihr Aufgabengebiet ein?<br>☐ fast nie  ☐ selten  ☐ manchmal  ☐ häufig  ☐ fast immer |
| 8. Informiert Ihr Vorgesetzter Sie rechtzeitig und umfassend, sorgt er für einen gegenseitigen Informationsaustausch?<br>☐ fast nie  ☐ selten  ☐ manchmal  ☐ häufig  ☐ fast immer |
| 9. Unterstützt er Sie, wenn Sie in persönlichen Schwierigkeiten stecken?<br>☐ fast nie  ☐ selten  ☐ manchmal  ☐ häufig  ☐ fast immer |

10. Unterstützt Ihr Vorgesetzter Mitarbeiter in der persönlichen und beruflichen Weiterentwicklung?
 ☐ fast nie  ☐ selten  ☐ manchmal  ☐ häufig  ☐ fast immer

11. Führt er regelmäßig Mitarbeitergespräche durch, um Ihnen Anerkennung und Erwartungen mitzuteilen?
 ☐ fast nie  ☐ selten  ☐ manchmal  ☐ häufig  ☐ fast immer

12. Fördert Ihr Vorgesetzter den Teamgeist in Ihrer Arbeitsgruppe durch Aufgeschlossenheit und Offenheit?
 ☐ fast nie  ☐ selten  ☐ manchmal  ☐ häufig  ☐ fast immer

13. Überträgt er Ihnen selbständige Arbeiten und die dazugehörige Verantwortung?
 ☐ fast nie  ☐ selten  ☐ manchmal  ☐ häufig  ☐ fast immer

14. Übt Ihr Vorgesetzter seine Macht spürbar aus?
 ☐ fast nie  ☐ selten  ☐ manchmal  ☐ häufig  ☐ fast immer

15. Trifft er Entscheidungen überzeugend und konsequent?
 ☐ fast nie  ☐ selten  ☐ manchmal  ☐ häufig  ☐ fast immer

16. Ist Ihr Vorgesetzter unvorhergesehenen Situationen gewachsen?
 ☐ fast nie  ☐ selten  ☐ manchmal  ☐ häufig  ☐ fast immer

17. Vermittelt und bewältigt er bei Konflikten zwischen KollegInnen?
 ☐ fast nie  ☐ selten  ☐ manchmal  ☐ häufig  ☐ fast immer

18. Schafft Ihr Vorgesetzter im Umgang mit Mitarbeitern eine Atmosphäre des Vertrauens?
 ☐ fast nie  ☐ selten  ☐ manchmal  ☐ häufig  ☐ fast immer

19. Gibt er Mitarbeitern Freiräume für ihre Ideenverfolgung?
 ☐ fast nie  ☐ selten  ☐ manchmal  ☐ häufig  ☐ fast immer

| |
|---|
| 20. Kann er Ihnen zuhören?<br>☐ fast nie ☐ selten ☐ manchmal ☐ häufig ☐ fast immer |
| 21. Stimmt Ihr Vorgesetzter die einzelnen Aufgaben der Mitarbeiter im Team/in der Abteilung aufeinander ab?<br>☐ fast nie ☐ selten ☐ manchmal ☐ häufig ☐ fast immer |
| 22. Kann er unter Zeitdruck seinen Arbeitsstil anpassen, ohne den Überblick zu verlieren?<br>☐ fast nie ☐ selten ☐ manchmal ☐ häufig ☐ fast immer |
| 23. Greift Ihr Vorgesetzter, außer bei begründeten Ausnahmefällen, in den Verantwortungsbereich der Mitarbeiter ein?<br>☐ fast nie ☐ selten ☐ manchmal ☐ häufig ☐ fast immer |
| 24. Spricht er mit Ihnen über Ereignisse und Entwicklungen im Unternehmen, damit Sie die Situation gut beurteilen können?<br>☐ fast nie ☐ selten ☐ manchmal ☐ häufig ☐ fast immer |

## 8.3 Fragebogenauswertung und Form der Darstellung

Für die Verwendung einfacher *Häufigkeitsdarstellungen und Mittelwerte* bei der Auswertung von Fragebogen zum Führungsverhalten spricht die Zielsetzung von Vorgesetzten-Feedback, so wie sie in der Praxis vorherrscht; nämlich die ausgewerteten und aggregierten Daten als Basis für einen Dialog zwischen Führungskräften und Mitarbeitern zu nutzen. Testtheoretisch einwandfrei konstruierte Bogen sind daher bei dieser Intention nicht zwingend. Schließlich hängt die Datenauswertung nicht zuletzt auch von spezifischen Zielsetzungen des Fragebogens ab, die u. U. spezielle Auswerteverfahren und entsprechenden Aufwand verlangen.

Beim vorrangigen Ziel, das Gespräch zwischen Vorgesetzten und Mitarbeitern in Gang zu bringen, hat sich in der Praxis folgende Schrittfolge bei der Auswertung bewährt:

*1. Verschaffen Sie sich zunächst einen Gesamtüberblick über die Daten.*

– Erstellen Sie eine Prozentverteilung der Antworten. Bilden Sie für die Dimensionen und Einzelkriterien Mittelwerte, wo dies vom Skalenniveau her legitim ist.
– Stellen Sie die Streuung der Werte dar, d.h., bilden Sie für die Auswertung die niedrigste und höchste Ausprägung eines Merkmals ab.
– Erstellen Sie ein Profil, aus dem die Mittelwerte der verschiedenen Dimensionen abzulesen sind. Diese können auf einzelne Führungskräfte zugeschnitten sein, aber auch das kumulierte Resultat des Feedbacks für eine ganze Abteilung darstellen (siehe Abb. 13).
– Arbeiten Sie heraus, bei welchen Aussagen es eine besonders starke Zustimmung gibt.
– Tun Sie dies auch für die Merkmale, bei denen starke Ablehnung deutlich wird.

*2. Sortieren Sie die erhobenen Daten*

– Bilden Sie eine Rangfolge der am häufigsten positiv bzw. negativ bewerteten Aussagen.

*3. Legen Sie Themenschwerpunkte fest*

– Analysieren Sie die Daten danach, ob sich bestimmte Themenschwerpunkte ergeben.

*4. Arbeiten Sie die Differenzen in den Bewertungen zwischen den verschiedenen Gruppen von Feedback-Gebern heraus*

– Stellen Sie insbesondere Unterschiede bei den Einstufungen zwischen den verschiedenen Unternehmensbereichen, Abteilungen oder Teams dar.
– Tun Sie dies auch für ganze Unternehmensteile, ggf. auch für Niederlassungen im In- und Ausland.

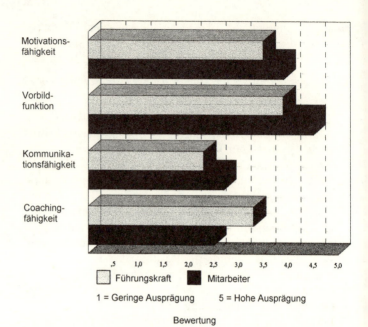

**Abb. 13:** Graphische Auswertung von Selbst- und Fremdbild über vier Dimensionen eines Fragebogens zum Führungsverhalten

5. *Erarbeiten Sie bei den offenen Fragen die Hauptaussagen*
– Stellen Sie das Wesentliche bei den Antworten auf die offenen Fragen dar und stellen Sie ggf. Querverbindungen zu anderen Aussagen her.

6. *Präsentieren Sie das Ergebnis der Fragebogenaktion*
– Melden Sie die Gesamtergebnisse bzw. Einzelaspekte entsprechend der im Projektteam vereinbarten Vorgehensweise den Führungskräften zurück.

Eine Ergebnispräsentation mit anschließender detaillierter Analyse der Rückmeldungen aus den Fragebogen sollte mit *aussagekräftigen Graphiken* und *Tabellen* unterstützt

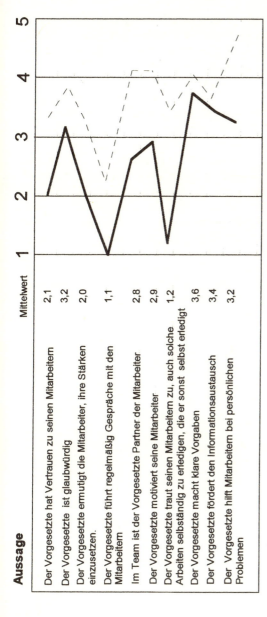

**Abb. 14:** Graphische Gegenüberstellung von Abteilungs- und Unternehmensdurchschnitt bei ausgesuchten Dimensionen

werden. Sind neben der *Fremdeinstufung* durch Mitarbeiter, Kollegen, Vorgesetzte und evtl. auch Kunden Selbsteinschätzungen durch den Feedback-Nehmer selbst durchgeführt worden, können diese z. B. gegenübergestellt werden. *Selbsteinschätzungen* helfen Führungskräften, die Einstufungen und Folgen aus dem Vorgesetzten-Feedback eher zu akzeptieren, da sie selbst am Zustandekommen beteiligt sind. Außerdem wird der Vorgesetzte für Prozesse der Selbstwahrnehmung sensibler und bekommt ein Gefühl für seine Stärken und Entwicklungsmöglichkeiten. Beides führt zu einem realistischeren Selbstbild, das in der Konsequenz zu einer verbesserten Führungskompetenz verhilft. Die Auswertung von Selbst- und Fremdbild einer Führungskraft ergibt insbesondere dann interessante Aufschlüsse, wenn die Abweichungen daraus in einem gemeinsamen Workshop von Feedback-Gebern und -Nehmern bearbeitet werden. In Abb. 13 findet sich eine solche Gegenüberstellung, bezogen auf vier Dimensionen eines Fragebogens zum Vorgesetztenverhalten.

# 9. Vorgesetzten-Feedback in dialogischer Form

## 9.1 Das Orientierungsgespräch

Beim Orientierungsgespräch handelt es sich um eine dialogische Form von Feedback zwischen Vorgesetztem und Mitarbeiter. Es dient dazu, meist im Rahmen eines Systems von Personalentwicklung, dem Mitarbeiter sowie der Führungskraft eine *Standortbestimmung* für ihre Aufgabenerfüllung zu ermöglichen. Darüber hinaus sollen *künftige Arbeitsschwerpunkte und Ziele des Mitarbeiters* sowie *Veränderungsziele für den Vorgesetzten* vereinbart werden. Im Orientierungsgespräch können Stärken und Schwächen des Mitarbeiters rückgemeldet und der Führungskraft ein authentisches und direktes Vorgesetzten-Feedback gegeben werden. Dies schließt selbstverständlich das Besprechen von Verbesserungsmöglichkeiten für beide Seiten ein. Es hilft, die relevanten Kompetenzen zur zielgerechten Aufgabenerfüllung zu fördern und notwendige Verhaltensänderungen einzuleiten. Vorgesetzter und Mitarbeiter rücken bei diesem Feedback das Anforderungsideal beider Funktionen ins Zentrum des Dialogs. Die Rückmeldung der Führungskraft an den Mitarbeiter basiert dabei auf dessen Anforderungsprofil. Der Mitarbeiter seinerseits bewertet das Führungsverhalten des Vorgesetzten anhand der Führungsgrundsätze bzw. -leitlinien.

Der Gesprächsbogen besteht i. d. R. aus *drei Komponenten*: dem Einschätzungsteil für Mitarbeiter, der die Kriterien für eine Rückmeldung an den Mitarbeiter enthält, einem Abschnitt für das Vorgesetzten-Feedback sowie der Zielvereinbarung mit dem Maßnahmenkatalog. Im Zentrum des Orientierungsgesprächs steht der Dialog zwischen Vorgesetztem und Mitarbeiter. Dabei wechselt der Fokus im Gesprächsverlauf von der Einstufung der Aufgaben- und

Zielerfüllung des Mitarbeiters durch die Führungskraft zum Führungsverhalten des Vorgesetzten. Und in diesem Wechsel spiegelt sich auch die grundsätzliche Philosophie dieser Feedback-Methode wider. Es handelt sich um ein wechselseitiges Rückmeldegespräch und nicht um eine Beurteilung. Führungskraft und Mitarbeiter bereiten sich gleichermaßen auf das Gespräch vor und haben damit die gleiche Chance, ihre Sichtweisen und Bewertungen einzubringen. Dadurch wird das von Kritikern bei der klassischen Beurteilung häufig ins Feld geführte Argument hinfällig, der Feedback-Nehmer empfange sein „Urteil". Das Vorgehen bei der herkömmlichen Beurteilung wird von Mitarbeitern oft als Einbahnstraße empfunden. Im Orientierungsgespräch wird daher erst nach dem Dialog eine endgültige, gemeinsame Einschätzung fixiert. Diese trifft auf das Feedback für den Mitarbeiter genauso zu wie für die Rückmeldungen an den Vorgesetzten. Damit sind beide abwechselnd in der Rolle des Gebenden und des Nehmenden. Sie haben daher auch beide die Gelegenheit, Hintergründe für Verhalten oder mangelnde Leistung darzulegen sowie ein besseres Verstehen für die Handlungsweisen des jeweils anderen zu entwickeln und eigene blinde Flecken aufzudecken.

### 9.1.1 *Inhalte und Ablauf des Orientierungsgesprächs*

Die Struktur des Gesprächs wird durch die jeweiligen Interessen, Zielsetzungen, aber auch die Handhabbarkeit und die Kultur eines Unternehmens geprägt. So kann eine Rückmeldung gebunden vorgenommen werden, beispielsweise mittels einer Einstufungsskala oder auch ungebunden ablaufen. Ungebunden beinhaltet die Möglichkeit, sich zwischen „gut" oder „verbesserungsfähig" entscheiden zu können, wobei beides begründet werden muß. Diese offene Form der Rückmeldung wird in der Praxis bevorzugt, da sie den Dialog nicht einengt. Folgende Inhalte sind mit der Zielsetzung einer Rückmeldung für den Mitarbeiter und den Vorgesetzten möglich:

*1. Phase: Vorbereitung des Orientierungsgesprächs*

*a) Die Terminvereinbarung.* Das Orientierungsgespräch wird vom Vorgesetzten und vom Mitarbeiter mindestens so rechtzeitig vereinbart, daß beide ca. drei Wochen Zeit haben, sich anhand der Formulare zum Orientierungsgespräch Gedanken zum Gespräch zu machen. Auch der Vorbereitungsbogen ist entsprechend der Zielsetzung des Feedback-Verfahrens zu gestalten und soll den Einstieg ins Feedback-Gespräch erleichtern helfen und kostbare Zeit sparen.

*b) Die Vorbereitung des Gesprächs.* Bei der Vorbereitung des Gesprächs hält der Vorgesetzte seine Einschätzungen der Aufgabenerfüllung und Zielerreichung des Mitarbeiters für den letzten Bewertungszeitraum im dafür vorgesehenen Feld fest. Sein eigenes Führungsverhalten bewertet er in einem zweiten Schritt nach dem gleichen Schema, entsprechend den vorgegebenen Kriterien des Bogens (z. B. Führungsleitlinien).

Der Mitarbeiter seinerseits nimmt hinsichtlich seiner Tätigkeit und der vereinbarten Ziele eine Selbstbewertung vor. Bei der Vorbereitung kann er seine Tätigkeit und die eventuell veränderten Rahmenbedingungen beschreiben, um sie später im Gespräch darzustellen. Dies macht er auch mit Blick auf das Vorgesetztenverhalten.

Die Bewertungen der einzelnen Kriterien aus der Vorbereitung ergeben das Ist-Profil des Mitarbeiters aus Vorgesetztensicht bzw. das Führungsprofil aus Geführtensicht.

*2. Phase: Feedback für den Mitarbeiter*

*a) Überprüfung der für den vergangenen Zeitraum vereinbarten Maßnahmen.* Bis auf das erste Orientierungsgespräch, bei dem noch kein Rückblick auf die vereinbarten Maßnahmen des vergangenen Bewertungszeitraum möglich ist, werfen Vorgesetzter und Mitarbeiter zu Beginn des Treffens zunächst einen Blick auf deren Umsetzung. Alle beschlossenen Aktivitäten zur Verbesserung von Leistung, Verhalten und Qualifikation werden auf ihren Erfolg, ihre Wirksamkeit und Effizienz hin überprüft. Die Gesprächspartner tauschen sich weiter darüber aus, was einzelne Maßnahmen aus ihrer Sicht bewirkt und welche sich bewährt haben.

*b) Rückmeldungen zu den Leistungen.* Bewertet wird zunächst die Arbeitsleistung des Mitarbeiters in seinen *Hauptaufgaben*, bezogen auf das vergangene Jahr. Der Vorgesetzte und der Mitarbeiter schildern aus ihrer Sicht, welche Aufgaben der Mitarbeiter besonders gut und welche er weniger gut erfüllt hat. Gleichzeitig wird eine Einschätzung der zugrundeliegenden Ursachen vorgenommen. Mittels dieses Vorgehens wird ein Abgleich von Fremd- und Selbstbild bezüglich der Leistungen des Mitarbeiters möglich.

*c) Feedback zur Qualifikation.* Im nächsten Schritt erfolgt eine Rückmeldung der *persönlichen Stärken* und *Entwicklungschancen* des Mitarbeiters durch den Vorgesetzten. Der Mitarbeiter seinerseits gibt eine Selbsteinschätzung hierzu ab.

*d) Vorschläge für Entwicklungsmaßnahmen.* Negative Abweichungen des Ist vom Soll bei der Leistung und Qualifikation werden gemeinsam auf die Ursachen hin untersucht. Gemeinsam werden auch Vorschläge für *Veränderungsmaßnahmen* für den nächsten Rückmeldezeitraum geplant. Es sind verschiedene Aktivitäten planbar, z.B. solche, die am Arbeitsplatz stattfinden, aber auch arbeitsplatzungebundene. Vereinbarte Verbesserungsmaßnahmen werden für den Mitarbeiter unter „Vorschläge zur Personalentwicklung" festgehalten. Dazu sollen sehr konkrete Vorschläge gemacht werden (Themen, Zeitrahmen, Methoden usw.).

Stellen beide Gesprächspartner gemeinsam fest, daß der Mitarbeiter das Sollprofil in verschiedenen Anforderungsdimensionen übererfüllt, soll dies der Vorgesetzte zum Anlaß nehmen, mit dem Mitarbeiter über dessen momentane Verwendung zu sprechen, um seine Vorstellungen von einer Arbeitsplatzveränderung abzuklären.

*e) Zielvereinbarung.* Beide, Vorgesetzter und Mitarbeiter, vereinbaren im letzten Schritt gemeinsam die Ziele, die der Mitarbeiter im kommenden Jahr erreichen soll.

*f) Gemeinsame Ergebnisformulierung.* Am Ende der ersten Phase steht die gemeinsame schriftliche Fixierung der bewerteten und vereinbarten Ziele für den Mitarbeiter.


*3. Phase: Feedback für den Vorgesetzten*

Im zweiten Teil des Orientierungsgesprächs geht es um die Rückmeldung des wahrgenommenen und erlebten Führungsverhaltens des Vorgesetzten durch den Mitarbeiter. Auch hier werden wiederum Fremd- und Selbstbild ausgetauscht und diskutiert.

*a) Rückmeldung des erlebten Führungshandelns durch den Mitarbeiter.* Der Mitarbeiter schildert das subjektiv erlebte Führungsverhalten des Vorgesetzten und bewertet es. Er läßt sich dabei von den vorgegebenen Kriterien leiten. Auch er begründet seine Sichtweise und gibt anschauliche Beispiele.

*b) Schilderung des Selbstbildes des Vorgesetzten.* Im zweiten Schritt beschreibt der Vorgesetzte sein Selbstbild in bezug auf sein Führungshandeln. Auch er begründet seine Sichtweisen, möglichst angereichert mit Beispielen und Hintergrundinformationen. Positives wie negatives Führungsverhalten wird besprochen, Veränderungsmaßnahmen werden erarbeitet und schriftlich fixiert. Je nachdem, was für das Gesamtverfahren in der Projektgruppe vereinbart wurde, erscheinen auch diese Maßnahmen im Vordruck für das Orientierungsgespräch. Hier gibt es in der Praxis die unterschiedlichsten Regelungen. Aus dem Grundsatz der Gleichbehandlung heraus sollten Maßnahmen für beide, also Mitarbeiter und Vorgesetzten, schriftlich festgehalten werden.

*c) Maßnahmenvereinbarung.* Gemeinsam überlegen Führungskraft und Mitarbeiter, ob sich im Führungsverhalten des Vorgesetzten etwas ändern soll, damit beide Seiten ihre Aufgaben im Sinne der betrieblichen Zielerreichung und der individuellen Arbeitszufriedenheit optimal bewältigen können. Wenn es hilfreich ist, sollte der Mitarbeiter auch konkrete Änderungswünsche äußern. Auch diese Wünsche und Ziele können im nächsten Gespräch thematisiert werden.

*d) Gemeinsame Ergebnisfixierung.* Am Ende der zweiten Phase des Orientierungsgesprächs füllen die beiden Gesprächspartner wieder gemeinsam den Gesprächsvordruck aus, der z.B. mit „Vorgesetzten-Feedback" überschrieben sein kann.

*e) Weiterleitung des Ergebnisblattes.* Ob die Ergebnisse des Orientierungsgesprächs an die Personalabteilung oder die Stelle Personalentwicklung weitergeleitet und dort archiviert werden, hängt von den im Unternehmen getroffenen Regelungen ab. Denkbar wäre eine solche Variante. Die Erfahrungen zeigen jedoch, daß Führungskräfte es vorziehen, wenn die getroffenen Vereinbarungen zwischen den Gesprächspartnern verbleiben. Natürlich besteht auch hier die Gefahr, daß festgelegte Veränderungsziele in der Schublade des Managers verschwinden. Für Organisationen mit einer reifen Unternehmenskultur ist das Thema Personalentwicklung meist so wichtig, daß sie ohnehin an einer Entwicklung ihrer Mitarbeiter und Führungskräfte interessiert sind. Dies bedeutet selbstverständlich auch, daß eine gewisse Erfolgskontrolle über das Vorgesetzten-Feedback notwendig ist.

*9.1.2 Ein Beispiel für die Zielsetzung und Beschreibung des Orientierungsgesprächs*

Nachfolgend wird die Zielsetzung eines Orientierungsgesprächs mit Führungskräfte-Feedback, wie es in einem Kreditinstitut praktiziert wird, wiedergegeben.

---

**Ziel des Orientierungsgesprächs**

Zur Aufgabe einer Führungskraft gehört es, mindestens einmal im Jahr mit dem Mitarbeiter ausführlich über dessen Aufgabenerfüllung und Zielerreichung zu reden und ihn entsprechend den vorhandenen *Entwicklungsmöglichkeiten* zu fördern. Für Vorgesetzte bietet sich dabei die Gelegenheit, im Dialog mit dem Mitarbeiter eine Rückmeldung zum eigenen Führungsverhalten zu bekommen (Vorgesetzten-Feedback).

Das Orientierungsgespräch zwischen Mitarbeiter und Vorgesetztem ist als Standortbestimmung für beide gedacht. Es ist somit zugleich Motivationselement und Instrument zur Verbesserung der Zusammenarbeit.

**Rahmenbedingungen**

– Zeitpunkt – mindestens vier Wochen vor dem eigentlichen Gesprächstermin – vereinbaren
– Gute Vorbereitung von Mitarbeiter und Führungskraft durch Klären von Ziel und Inhalt des Orientierungsgesprächs
– Gesprächsort: möglichst ein neutraler Raum (Besprechungszimmer)
– Ungestörte Gesprächsatmosphäre
– Gesprächsdauer: ca. 1,5 Stunden

**Aufbau des Orientierungsgesprächs**

*Rückmeldung an den Mitarbeiter*

Gesprächsgrundlage ist das *Anforderungsprofil* des Mitarbeiters, bestehend aus Anforderungskriterien hinsichtlich

- Fachkompetenz
- Methodenkompetenz
- Sozialkompetenz
- Persönlicher Kompetenz
- Managementkompetenz

*Rückmeldung an Vorgesetzten*

Basis für die Rückmeldung ist das Funktionsanforderungsprofil für Führungskräfte (Führungsgrundsätze bzw. -leitlinien)

**Inhalt des Orientierungsgesprächs**

1. Standortbestimmung (Mitarbeiter)
   - Selbsteinschätzung des Mitarbeiters/der Mitarbeiterin
   - Fremdeinschätzung durch die Führungskraft
   - Persönliche Eindrücke und Beobachtungen
   - Eindrücke aus dem Arbeitsumfeld

2. Gemeinsame Potentialanalyse
   - Stärken und Schwächen ermitteln
   - Entwicklungspotentiale überprüfen

3. Besprechung der persönlichen Ziele des Mitarbeiters und der möglichen Entwicklungsmaßnahmen

4. Gemeinsam abgestimmte Entscheidung

5. Feedback für den Vorgesetzten
   - Selbsteinschätzung der Führungskraft
   - Fremdeinschätzung durch den Mitarbeiter
   - Persönliche Eindrücke und Beobachtungen
   - Eindrücke aus dem Arbeitsumfeld
   - Wünsche des Mitarbeiters an den Vorgesetzten
   - Gemeinsame Überlegungen zu Verhaltensänderungen der Führungskraft

## 9.2 Der Führungsdialog

Kritiker von wechselseitigem Feedback zwischen Mitarbeitern und Vorgesetzten, wie es im Orientierungsgespräch stattfindet, wenden ein, daß eine Rückmeldung in dieser Form immer moderat sein wird, da die Beteiligten die Retourkutsche des anderen vermeiden möchten. Dieser Einwand kann anhand praktischer Erfahrungen mit dem Instrument Orientierungsgespräch jedoch nicht bestätigt werden. Gleichwohl soll hier noch eine Alternative erwähnt werden, die dieses potentielle Problem dadurch zu vermeiden sucht, daß nur der Vorgesetzte ein Feedback erhält. Der Führungsdialog wird in einigen Organisationen als Pendant zur Mitarbeiterbeurteilung praktiziert und soll dem Vorgesetzten die Chance bieten, mit dem Mitarbeiter als „Sparringpartner" eine Korrektur seines Selbstbildes herbeizuführen. Prinzipiell ist das Vorgehen dasselbe wie im Orientierungsgespräch. Natürlich trifft den Führungsdialog die gleiche Kritik, die den herkömmlichen Formen der Beurteilung entgegengehalten wird: die einseitige Beurteilung, ob von oben nach unten oder umgekehrt, fördert nicht ausreichend die offene, direkte und lebendige Kommunikation zwischen Führungskräften und Mitarbeitern. Eine partnerschaftliche Kommunikation im wechselseitigen Feedback ist daher aus psychologischem Blickwinkel immer einer einseitigen Rückmeldung vorzuziehen.

## 10. Mitarbeiterübergreifendes Führungskräfte-Feedback

Im Gegensatz zur Rückkoppelung des erlebten Führungsverhaltens mittels Fragebogen oder Orientierungsgespräch, also ausschließlich durch direkt unterstellte Mitarbeiter einer Führungskraft, dient das mitarbeiterübergreifende Feedback der Rückmeldung des wahrgenommenen Verhaltens eines Managers durch eine *Vielzahl von Personen unterschiedlichster Hierarchiestufen und Funktionen*. Damit besteht der markanteste Unterschied des häufig auch als „360-Grad-Feedback" oder „Multi-rater-Verfahren" bezeichneten Ansatzes in der Vielfalt der Feedback-Geber. Weil eine größere Zahl von Fremdbildern einfließt, ist eine größere Zuverlässigkeit der Diagnose des Führungsverhaltens gegeben. Zudem ergibt sich ein umfassendes Mosaik der Führungskultur eines Unternehmens. Das mitarbeiterübergreifende Feedback kann als Ergänzung und Absicherung anderer Verfahren verstanden werden. Kritiker mahnen allerdings zur Vorsicht, da diese Vorgehensweise eine Vielzahl von Auswertungs- und Interpretationsrisiken in sich birgt. Stehen eine Verbesserung der Zusammenarbeit oder die Entwicklung eines Teams im Mittelpunkt der Bemühungen um ein realistisches Selbstbild der Führungskraft, so ist eine Rückmeldung durch die direkt unterstellten Mitarbeiter, evtl. noch der Kollegen, vorzuziehen. Feedback-Geber können bei diesem Ansatz – je nach Definition durch das Projektteam – sein

– der Vorgesetzte aus der übergeordneten Hierarchiestufe,
– die direkt unterstellten Mitarbeiter,
– Mitarbeiter, die die Führungskraft z. B. als Leiter einer Projektgruppe erlebt haben,
– andere Führungskräfte, die als Gleichgestellte den Kollegen einschätzen können,
– Kollegen mit und ohne Führungsverantwortung,

- interne Kunden, die mit dem Feedback-Nehmer eng zusammenarbeiten,
- externe Kunden sowie
- Mitarbeiter aus anderen Bereichen, die die Führungskraft täglich in Aktion erleben.

Alle anderen Schritte, also Konstruktion eines Fragebogens, Auswertung und Ergebnispräsentation, sind mit dem oben beschriebenen Fragebogen-Feedback identisch. In der Regel wird auch das mitarbeiterübergreifende Führungskräfte-Feedback anonym durchgeführt, um eine möglichst hohe Rücklaufquote zu erhalten. Die Auswertung kann so-

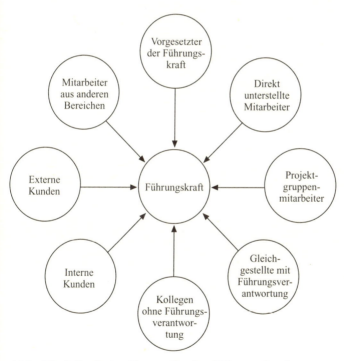

**Abb. 15:** Mitarbeiterübergreifendes Führungskräfte-Feedback

wohl über die Projektgruppe als auch über externe Berater erfolgen. Bewährt hat sich in der Praxis eine jährliche Wiederholung der Befragung.

Etwas mehr Aufwand verlangt die Information von Feedback-Gebern, die nicht dem Unternehmen angehören, also beispielsweise externe Kunden. Sie müssen umfassend über Sinn und Zweck der Bewertung informiert werden, die sie abgeben sollen.

# 11. Workshops zum Vorgesetzten-Feedback

Oft ist in einer reifen Unternehmenskultur das Feedback für Führungskräfte im Rahmen eines eintägigen Workshops sinnvoller als eine Fragebogenaktion oder das wechselseitige Feedback, wie im Orientierungsgespräch praktiziert. Für einen Workshop, bei dem Feedback-Geber und -Nehmer sich für einen bestimmten Zeitraum mit dem Führungsverhalten des Vorgesetzten auseinandersetzen, spricht, daß:

- Mitarbeiter und Vorgesetzte bei anonymen Befragungen oft befürchten, eher mehr *neue Fragen aufzuwerfen, als offene zu beantworten*. Aussagen, die in einem Workshop gemacht werden, können dagegen präzisiert und mit Verhaltensbeispielen unterlegt werden, was einen immensen Vorteil darstellt;
- die Ergebnispräsentation der ausgewerteten und verdichteten Daten aus einer anonymen Fragebogenaktion nur dem Vorgesetzten Hinweise für sinnvolle Veränderungen geben. Die *Gestaltung der Zusammenarbeit aller und die Chance für Mitarbeiter, hierauf Einfluß zu nehmen, bleibt unberücksichtigt;*
- mit dem gesamten Team bzw. der Arbeitsgruppe – also Vorgesetzter und Mitarbeiter gemeinsam – am individuellen Verhalten von Führungskraft und Mitarbeitern gearbeitet werden kann. Damit werden *individuelle, teambezogene, strukturelle* und *organisatorische Einflußfaktoren* berücksichtigt;
- das Vorgehen im Workshop selbst den Wunsch nach *Partizipation der Mitarbeiter* und *guter Zusammenarbeit* seitens des Vorgesetzten widerspiegelt;
- ein solches Verfahren zum Vorgesetzten-Feedback zu einer ständigen Einrichtung werden kann und jede Führungskraft, unabhängig von größeren Aktionen, mit ihren Mitarbeitern frei entscheiden kann, wann sie das Feedback wiederholen möchten.

## 11.1 Die Vorbereitung eines Workshops

Vier essentielle Fragen sind bei der Vorbereitung eines Workshops zum Führungskräfte-Feedback zu beantworten:

1. Wird ein Moderator gebraucht, oder können Vorgesetzter und Mitarbeiter die ablaufenden Prozesse selbst steuern?
2. Wird das Feedback anonym oder offen gegeben?
3. Soll das Vorgesetzten-Feedback unstrukturiert oder mittels Fragenkatalog bzw. Checkliste gegeben werden?
4. Wird nur rückgemeldet, also das Fremdbild erarbeitet, oder hat die Führungskraft die Chance, auch ihr Selbstbild zu schildern?
5. Soll gemeinsam ein ideales Führungsverhalten entwickelt werden oder Bezug auf bestehende Konzepte genommen werden?

*ad 1: Wird ein Moderator gebraucht, oder können Vorgesetzter und Mitarbeiter die Prozesse selbst steuern?*

Ein Moderator, insbesondere wenn er von außen kommt, kann beim gesamten Prozeß der Rückmeldung von Führungsverhalten in einem Workshop sehr hilfreich sein. Meist stehen die Mitarbeiter einer externen Person zunächst eher reserviert gegenüber. Im weiteren Verlauf der Veranstaltung öffnen sich die meisten jedoch und sind bereit, ihre persönliche Sicht bzw. ihre Schwierigkeiten mit dem Führungsstil oder der Person des Vorgesetzten offen zu schildern. Natürlich gibt es auch Führungskräfte oder Mitarbeiter, die die Rolle eines Moderators in einem Workshop durchaus übernehmen können, insbesondere dann, wenn sie in ihrer Fort- und Weiterbildung Trainerseminare besucht oder im Rahmen eines Qualitätsmanagements eine Moderatorenausbildung absolviert haben.

Wird der Workshop zu einer festen Einrichtung, die z.B. einmal im Jahr stattfindet, eignen sich die Teilnehmer mit zunehmender Erfahrung mit diesem Instrument auch die Fähigkeit an, den Workshop selbst zu managen.

Zur Frage, ob ein Moderator gebraucht wird oder nicht, gelten folgende Regeln:

---

**Ein Moderator sollte eingesetzt werden:**

1. Bei der ersten Durchführung eines Workshops zum Vorgesetzten-Feedback.
2. Wenn Vorgesetzter und Mitarbeiter nicht in der Lage sind, als Betroffene zu agieren und gleichzeitig den Prozeß zu steuern.
3. Wenn wahrscheinlich ist, daß durch ein Feedback größere Konflikte aufbrechen, die die Teilnehmer nicht selbst bearbeiten und lösen können.
4. Um problematisches Führungsverhalten unparteiisch bewerten zu können.

---

*ad 2: Wird das Feedback anonym oder offen gegeben?*

Die Rückmeldung des erlebten Führungshandelns eines Vorgesetzten kann eine problematische Angelegenheit für viele Mitarbeiter sein. Ob offen zurückgemeldet wird oder anonym, sollte daher zu Beginn eines Workshops geklärt werden. Wenn offen gelobt oder kritisiert werden soll, müssen auch alle damit einverstanden sein.

*ad 3: Soll das Vorgesetzten-Feedback unstrukturiert oder mittels Fragenkatalog bzw. Checkliste gegeben werden?*

Die Rückmeldung des Vorgesetzenverhaltens kann von den Mitarbeitern unstrukturiert durchgeführt werden, d. h. „frei von der Leber weg". Der Vorteil liegt darin, daß vieles zur Sprache kommt, was den Mitarbeitern auf dem Herzen liegt. Der Nachteil: u. U. geht die Rückmeldung an der gewünschten Zielsetzung vorbei. Je nach Strategie der

Initiatoren kann das Feedback offen oder strukturiert erfolgen. Soll offen rückgemeldet werden, ist es sinnvoll, daß der Vorgesetzte deutlich macht, an welchen Informationen er besonders interessiert ist. Beim strukturierten Feedback bietet sich z.B. ein Vorgehen mittels einer „Checkliste zum Führungsverhalten" an.

*ad 4: Wird nur rückgemeldet, also das Fremdbild erarbeitet, oder hat die Führungskraft die Chance, auch ihr Selbstbild zu schildern?*

Beim Vorgesetzten-Feedback, ob es nun frei oder mit Hilfe eines Fragebogens bzw. einer Checkliste durchgeführt wird, besteht die Gelegenheit für die Führungskraft, ihr Selbstbild zum eigenen Führungsverhalten abzugeben. Dies ist mit Sicherheit hilfreich, weil dadurch auch die Mitarbeiter erfahren, wie sich ihr Vorgesetzter einschätzt. Sie können erkennen, ob sie mit der Selbsteinschätzung ihres Vorgesetzten übereinstimmen oder andere Einschätzungen haben. Speziell die Unterschiede sind aufschlußreich und bieten eine sehr gute Basis für eine fruchtbare Diskussion.

Zusammenfassung der zu klärenden Fragen vor Beginn eines Workshops:

| Fragestellung | Bezug |
|---|---|
| Externer Moderator versus interner Moderator | Bezieht sich auf die Steuerung und Moderation des Workshops |
| Anonym versus offen | Bezieht sich auf das direkte Benennen von erlebtem Führungsverhalten durch einzelne Teilnehmer |
| Strukturiert versus unstrukturiert | Bezieht sich auf die Freiheitsgrade der Teilnehmer |
| Fremdbild versus Selbstbild | Bezieht sich auf den Abgleich zwischen Fremd- und Selbstbild zum Führungsverhalten |

*ad 5: Soll gemeinsam das Idealverhalten einer Führungskraft entwickelt werden oder Bezug auf bestehende Konzepte genommen werden?*

Für den Abgleich des erlebten Ist-Verhaltens mit dem Soll-Verhalten ist zunächst zu klären, ob die Mitarbeiter sich auf bereits Vorhandenes, wie Führungsleitlinien und Anforderungsprofile, beziehen können. Ideal wäre es, wenn Mitarbeiter auf schon erarbeitete Bewertungsdimensionen zurückgreifen oder gar gemeinsam mit dem Vorgesetzten das Sollprofil entwickeln können. Letzteres ist zwar mit mehr Ungenauigkeiten verbunden und aus wissenschaftlicher Sicht u. U. problematisch, fördert aber den positiven Austausch zwischen den Teilnehmern.

## 11.2 Die Durchführung des Workshops

### 11.2.1 Organisatorisches

Es ist für den Erfolg eines Workshops zum Vorgesetzten-Feedback wichtig, die Zahl der Teilnehmer zu begrenzen. Am effektivsten arbeiten Gruppen von ca. 12 Personen. Ob *ein* Workshop ausreichend ist, hängt mit davon ab, wieviel Mitarbeiter eine Führungskraft zu führen hat. Gegebenenfalls müssen mehrere Veranstaltungen durchgeführt werden.

Alle Teilnehmer werden unter Hinweis auf das Ziel, den Ablauf und die Verwendung der Resultate des Workshops schriftlich eingeladen. Hier gelten im Vorfeld die gleichen Prizipien wie bei allen anderen Instrumenten für ein Vorgesetzten-Feedback, d. h. in erster Linie *rechtzeitige Information* über das Projekt, Informationsveranstaltungen usw. Darüber hinaus kann natürlich in einem Unternehmen, das dieses Vorgehen bereits praktiziert, eine Führungskraft anlaßbezogen ohne eine Einbettung in einen größeren Rahmen einen Workshop initiieren.

## 11.2.2 Der Einstieg

Zu Beginn eines Workshops sollten einige Regeln festgelegt werden, die die Arbeit erleichtern. Als erstes gilt es, einen gewissen Standard im Kommunikationsverhalten der Teilnehmer sicherzustellen. Hierzu sind Kommunikationsregeln hilfreich, die ein positives Miteinander ermöglichen und den gegenseitigen Respekt gewährleisten. Nachfolgend sind bewährte *„Zehn goldene Regeln der Kommunikation"* dargestellt, auf die sich alle Workshop-Teilnehmer zu Beginn verpflichten:

---

**Zehn goldene Regeln der Kommunikation**

1. Hören Sie aufmerksam zu!
2. Lassen Sie andere ausreden!
3. Verwenden Sie keine „Killerphrasen"!
4. Störungen haben Vorrang!
5. Sprechen Sie mit „ICH" und nicht mit „MAN" oder „WIR"!
6. Sprechen Sie Ihre Meinung und Ihre Gefühle aus!
7. Begründen Sie Fragen!
8. Seien Sie zurückhaltend mit Interpretationen!
9. Fassen Sie sich kurz!
10. Bleiben Sie beim Thema!

---

Zweitens ist die *Vertraulichkeit* sicherzustellen, die von den Teilnehmern gewahrt werden muß, damit sich alle frei äußern können.

Schließlich sind die Regeln des Gebens und Nehmens von Feedback zu vermitteln, um das wahrgenommene Führungsverhalten dem Vorgesetzten konfliktfrei rückzumelden. Nur wenn die Art und Weise des Spiegelns akzeptabel ist, wird die Rückkoppelung nicht Schaden, sondern Nutzen stiften. Wer befürchtet, in seinem Selbstwertgefühl durch andere herabgesetzt zu werden, wird seinen Mund nicht auftun. Rückmeldungen müssen also produktiv sein.

*11.2.2.1 Regeln für den Feedback-Nehmer*

Regeln für den Feedback-Nehmer (Führungskraft):
1. Hören Sie zunächst nur zu!
2. Rechtfertigen Sie sich nicht und geben Sie keine Kommentare!
3. Wenn nötig, lassen Sie sich die Rückmeldungen präzisieren oder mit Beispielen versehen!
4. Fragen Sie nach, wenn Sie etwas nicht verstanden haben!
5. Teilen Sie dem Feedback-Geber Ihre Reaktion mit, wenn Sie erstaunt oder emotional betroffen sind!
6. Bedanken Sie sich für die Rückmeldungen!

*1. Hören Sie zunächst nur zu!* Um zu verstehen, was z.B. Mitarbeiter Ihnen mitteilen wollen, müssen Sie zunächst aufmerksam zuhören. Dies bedeutet, sich ganz auf den Feedback-Geber einzustellen und genau hinzuhören. Nur wenn Sie ihm ungeteilte Aufmerksamkeit schenken, können Sie auch zwischen den Zeilen lesen. Die Workshop-Teilnehmer bekommen darüber hinaus auch das Gefühl, ob Ihnen ihr Feedback wichtig ist und Sie die Botschaften verstehen.

*2. Rechtfertigen Sie sich nicht und geben Sie keine Kommentare!* Denken Sie über das Gesagte zunächst im Sinne der „Preußischen Beschwerdeordnung" nach, vielleicht ist an der Rückmeldung doch etwas dran. Wenn Sie sich sofort rechtfertigen, wird die Bereitschaft der

Mitarbeiter sinken, Ihnen ein Feedback zu Ihrem Führungsverhalten zu geben, aus Angst, einen Konflikt mit Ihnen zu provozieren. *Jede* Beobachtung ist eine wichtige Information. Natürlich werden Sie zunächst einiges schlucken müssen, aber denken Sie daran, daß es Ihnen helfen kann, Ihren blinden Fleck zu verkleinern. Schließlich heißt Feedback entgegenzunehmen nicht, immer alles zu akzeptieren.

*3. Wenn nötig, lassen Sie sich Rückmeldungen präzisieren oder mit Beispielen versehen!* Es ist durchaus möglich, daß Mitarbeiter nicht ausreichend in der Lage sind, Ihre Beobachtungen präzise und nachvollziehbar zu beschreiben. Vielleicht haben sie mit Blick auf Ihr Führungsverhalten nur ein diffuses, nicht klar beschreibbares Gefühl. Auch kann der eine oder andere dazu neigen, seine Beobachtungen zu generalisieren.

*4. Fragen Sie nach, wenn Sie etwas nicht verstanden haben!* Hinterfragen Sie Sachverhalte, um sie besser verstehen zu können. Nachfragen und um Beispiele bitten hilft Ihnen, die Aussagen besser zu verstehen. Und letztlich geben Sie damit dem Feedback-Geber das Gefühl, daß seine Mitteilung richtig angekommen ist.

*5. Teilen Sie den Mitarbeitern Ihre Reaktion mit, wenn Sie erstaunt oder emotional betroffen sind!* Melden Sie zurück, wie das Feedback bei Ihnen angekommen ist, wie Sie es verstanden und sich selbst dabei erlebt haben. Nur wenn die Mitarbeiter, die Ihnen eine Rückmeldung geben, erfahren, wie Sie darauf reagieren, werden sie nicht verunsichert sein. So können Feedback-Geber erkennen, ob ihre Darlegungen produktiv sind.

*6. Bedanken Sie sich für die Rückmeldungen!* Wenn Sie sich für die Hinweise und Beispiele der Mitarbeiter bedanken, zeigt dies nicht nur, daß Sie die Signale aufgenommen haben, sondern drückt zusätzlich Ihren Respekt vor dem Mut der Mitarbeiter aus.

## 11.2.2.2 Regeln für den Feedback-Geber

> Regeln für den Feedback-Geber:
> 1. Rückmeldungen über Verhalten sollen ausführlich und beschreibend sein, nicht bewertend!
> 2. Machen Sie bei Ihrer Rückkoppelung deutlich, wenn Sie persönliche Wahrnehmungen, Gefühle oder auch Vermutungen ansprechen!
> 3. Vermeiden Sie Verallgemeinerungen wie z.B. nie, ständig, immer oder jedesmal!
> 4. Melden Sie Gefühle zurück, die durch das Verhalten des Vorgesetzten ausgelöst werden!
> 5. Formulieren Sie annehmbar und umkehrbar!
> 6. Äußern Sie Wünsche zum Führungsverhalten des Vorgesetzten!

*1. Rückmeldungen über Verhalten sollen ausführlich und beschreibend sein, nicht bewertend!* Die Beschreibung von Verhalten und nicht die Bewertung der Person, die das Feedback erhält, steht bei dieser Regel im Vordergrund. Geben Sie dem Feedback-Nehmer, also Ihrer Führungskraft, die Chance, Ihre Rückmeldung durch konkrete Beispiele nachzuvollziehen. Schildern Sie Ihre Wahrnehmungen und Gefühle, die das Vorgesetztenverhalten bei Ihnen auslöst oder ausgelöst hat. Eine Verhaltensbeschreibung ist leichter hinzunehmen als Kritik an der Person. Beispiel: Die Führungskraft echauffiert sich häufig. Die Kritik an der Person würde lauten: „Sie sind ja ein Choleriker!" Verhaltensbeschreibung: „Sie regen sich sehr leicht auf."

*2. Machen Sie bei Ihrer Rückkoppelung deutlich, wenn Sie persönliche Wahrnehmungen, Gefühle oder auch Vermutungen ansprechen!* Senden Sie nach Möglichkeit keine

„Du-Botschaften", sondern „Ich-Botschaften". Besser als: „*Sie* schreiben sich den Erfolg unseres Teams immer selbst zu!" ist es zu formulieren: „*Mich* ärgert es, daß Sie den Erfolg unseres Teams nicht als eine Gemeinschaftsleistung nach außen vertreten!" Vermeiden Sie also „man" oder „wir", denn Sie können nur für sich selbst sprechen, wenn Sie über *Wahrnehmungen, Gefühle* und *Vermutungen* reden. Trennen Sie Ihre Beobachtungen deutlich von Ihren Vermutungen. Also: „Ich habe beobachtet, daß ... und vermute ...!"

*3. Vermeiden Sie Verallgemeinerungen wie z.B. nie, ständig, immer oder jedesmal!* Verallgemeinerungen wie z.B. „immer" verstärken den Eindruck, ein bestimmtes Verhalten, das bisher vielleicht ein- oder zweimal aufgetreten ist, sei ein Dauerzustand. „Sie loben mich nie!" würde heißen, der Vorgesetzte hat dem Mitarbeiter bisher keine Anerkennung gegeben. Vielleicht meint der Feedback-Geber damit, daß die Führungskraft selten lobt, was einen erheblichen Unterschied macht.

*4. Melden Sie Gefühle zurück, die durch das Verhalten des Vorgesetzten ausgelöst werden!* Auch dieses Feedback-Element ist unverzichtbar, weil aus der Darstellung des wahrgenommenen Führungsverhaltens allein nicht ersichtlich ist, wie Sie innerlich darauf reagieren. Die allgemeine Formel lautet also: „Ich habe ... gesehen (Wahrnehmung), und das hat auf mich gewirkt ..., ... hat bei mir ausgelöst ... (Gefühle)."

*5. Formulieren Sie annehmbar und umkehrbar!* Was Sie Ihrem Vorgesetzten zurückmelden, sollte dieser auch vom Ton her Ihnen zurückgeben können, ohne daß Sie sich herabgesetzt, verärgert oder sonst irgendwie persönlich getroffen fühlen. Umkehrbar sind somit Formulierungen, die von beiden Seiten verwendet werden können.

*6. Äußern Sie Wünsche zum Führungsverhalten des Vorgesetzten!* Präzisiert wird ein Feedback, indem Sie ganz konkrete Wünsche äußern sowie Tips und Hinweise geben, was Ihre Führungskraft künftig anders machen oder an Verhalten beibehalten soll. Vermeiden Sie es jedoch, einen Veränderungszwang auszulösen, denn schließlich und endlich entscheidet jeder Feedback-Nehmer selbst darüber, ob er sich ändern möchte oder nicht. Achten Sie deshalb sorgsam darauf, in Ihrem Feedback nicht zu stark die Richtung der Änderung vorzugeben, um dem Vorgesetzten Entscheidungs- und Handlungsspielraum zu belassen. Mit einer Bitte oder einem Wunsch, die entsprechend formuliert sind, erreichen Sie meist mehr als durch starres Fordern.

### 11.2.3 Die Durchführung

Für die Durchführung eines eintägigen Rückmelde-Workshops zum Vorgesetztenverhalten sind viele Varianten möglich. Es existiert kein ideales Rezept, so daß lediglich Empfehlungen gegeben werden können. Nachfolgend wird deshalb auf bewährte Praxisbeispiele eingegangen.

### 11.2.3.1 Workshop-Variante 1

*Inhalt:* Moderiertes, anonymes oder offenes Feedback *ohne Vorgaben*

*Benötigte Materialien:*

— Mit Beispielen für positives Führungshandeln beschriftetes Packpapier (Plakat)
— Ein Flip-Chart, Nadeln, rote, grüne sowie schwarze Filzstifte, Klebeband und evtl. Stellwände.

*Dauer:* 1 Tag

*Ablauf:*

1. Vor Beginn des Workshops befestigt der Moderator fünf unbeschriebene Charts gut sichtbar im Raum (z.B. Stellwände; Wände des Seminarraumes), die von 1 bis 5

durchnumeriert sind. Diese sollten möglichst gleichmäßig im Raum verteilt sein, damit sich die Teilnehmer bei der anschließenden Aufgabe nicht gegenseitig behindern. Der Moderator hängt auch das vorbereitete Plakat mit den Beispielen für positives Führungsverhalten gut sichtbar im Raum auf, verdeckt seinen Inhalt jedoch noch, indem er die Unterkante nach oben klappt und befestigt. So ist der Text zunächst nicht sichtbar und beeinflußt die Gruppe vor der Einführung durch den Moderator noch nicht.

*Plakat:* Beispiele für positive Führungsqualitäten

*Ein guter Vorgesetzter*

- *übt konstruktiv Kritik*
- *gibt seinen Mitarbeitern Informationen, die sie benötigen*
- *unterstützt auch in schwierigen Situationen*
- *ist ansprechbar, auch wenn er unter Streß steht*
- *fördert die kreativen Vorschläge der Mitarbeiter*
- *fordert die Geführten, indem er ihre Erwartungen formuliert*
- *ist nicht nachtragend*
  *usw.*

2. Nach der Einstimmung, der Erläuterung des Ziels des Workshops sowie dem Erklären der Kommunikations- und Feedback-Regeln macht der Moderator auf das Plakat mit den Beispielen für ideales Führungsverhalten aufmerksam. Er bittet darum, diese Vorgaben bei der weiteren Aufgabe nicht einfach abzuschreiben, sondern eigene Ideen zu entwickeln und Vorschläge schriftlich festzuhalten.

3. Anschließend gibt der Moderator den Anwesenden (Vorgesetzter und Mitarbeiter) folgende Instruktion:

*„Schreiben Sie bitte auf die ausgehängten Charts, entsprechend den Beispielen des Plakates, sechs außergewöhnliche Führungseigenschaften oder Führungsverhaltensweisen eines Vorgesetzten nieder, den Sie als positives Vorbild*

*im Laufe Ihres Berufslebens kennengelernt, von dem Sie gehört oder gelesen haben. Schreiben Sie jeweils ein Beispiel mit den bereitliegenden Filzstiften auf die von 1 bis 5 numerierten Charts. Beachten Sie dabei die Legende, so daß Sie eine besonders wichtige Führungsverhaltensweise bzw. -eigenschaft auf das Papier mit der Nummer 1 schreiben, eine unwichtige auf das Blatt mit der 5."*

Gut sichtbar sollte auf einem gesonderten Chart die dazugehörige Legende aufgehängt sein:

1 = besonders wichtig
2 = wichtig
3 = weder noch
4 = eher unwichtig
5 = unwichtig

4. Die Mitarbeiter und der Vorgesetzte werden aufgefordert, durch den Raum zu gehen, ihre Ideen möglichst in kurze Sätze zu fassen, diese auf den Papierbogen zu notieren und sich durch die Beiträge der anderen inspirieren zu lassen.

5. Wenn alle Teilnehmer wieder Platz genommen haben, geht der Moderator die einzelnen Notizen durch und wertet sie unter folgenden Aspekten gemeinsam mit der Gruppe aus.

a) Er bittet die Teilnehmer, die Notizen zu kommentieren: „Was ist damit gemeint?", „Wie ist das zu verstehen?"
b) Er faßt inhaltlich identische Beiträge zusammen.
c) Er arbeitet einen Führungsverhaltenskatalog heraus, indem er vom ersten Blatt, das ja die besonders wichtigen Führungsaufgaben bzw. -eigenschaften enthält, *fünf,* vom zweiten *vier* usw. Teilnehmerbeispiele auf einem separaten Papier gut sichtbar für alle notiert. Dies macht er in zweifacher Ausfertigung: eine für die Mitarbeiter, die damit das „Fremdbild" erstellen müssen, sowie eine Ausführung für den Vorgesetzten, der parallel hierzu sein Selbstbild entwirft.

*Anmerkung:* Der Vorteil dieses Vorgehens ist, daß Vorgesetzter und Mitarbeiter ihre Idealvorstellungen in den Führungsverhaltenskatalog einbringen können. Beim anschließenden Austausch darüber, wie einzelne Schreiber ihren Beitrag verstehen, kommt es dann zum Abgleich der unterschiedlichen Vorstellungen von Führung.

6. Im nächsten Schritt werden nun die Mitarbeiter gebeten, das Verhalten ihres Vorgesetzten nach den erarbeiteten Kriterien für positives Führungsverhalten zu bewerten. Ob dies *offen oder anonym* geschieht, sollte der Moderator die Teilnehmer entscheiden lassen. Hierzu kann er ein Stimmungsbild von der Gruppe verlangen. Der Vorgesetzte seinerseits erstellt anhand der gleichen Kriterien sein Selbstbild. Wenn dies organisatorisch möglich ist, ungestört in einem anderen Raum, getrennt von den Mitarbeitern. Hierbei sind die räumlichen Gegebenheiten zu beachten. Wollen die Teilnehmer gleichfalls unbeobachtet sein, müssen die Charts so angebracht werden, daß eine anonyme Einstufung möglich ist. Sind diese Fragen geklärt, gibt der Moderator folgende Anweisung:

*„Geben Sie nun Ihrem Vorgesetzten eine Rückmeldung über sein Führungsverhalten. Bewerten Sie ihn bitte aufgrund des erlebten Führungsverhaltens und der von uns erarbeiteten Kriterien zum Verhaltenskatalog. Gehen Sie bitte wie folgt vor: machen Sie hinter die Verhaltensmerkmale bzw. Fähigkeiten oder Eigenschaften, von denen Sie denken, daß sie Ihr Vorgesetzter künftig stärker zeigen sollte, mit dem schwarzen Filzschreiber ein Pluszeichen (+). Dort, wo Sie glauben, daß sein Handeln oder seine Fähigkeiten und Eigenschaften den erarbeiteten Kriterien entsprechen, setzen Sie bitte mit dem grünen Stift ein Ausrufezeichen (!). Hinter die aufgeführten Kriterien, von denen Sie sich wünschen, daß sie Ihre Führungskraft künftig weniger zeigen sollte, machen Sie bitte ein rotes Minuszeichen (–). Auch Ihr Vorgesetzter verfährt so, allerdings getrennt von Ihnen, auf dem zweiten, gesonderten Papierbogen."*

7. Während die Workshop-Teilnehmer ihre Einstufungen vornehmen, zeichnet der Moderator auf ein Chart eine Bewertungsskala. Natürlich kann er auch auf ein vorbereitetes Exemplar zurückgreifen, das er gut sichtbar für alle im Raum plaziert. Sie sollte wie folgt aufgebaut sein:

**Bewertungsskala für Vorgesetztenverhalten**

| Führungsqualitäten | Bewertung durch Vorgesetzten | | | Bewertung durch Mitarbeiter | | |
|---|---|---|---|---|---|---|
| 1. | | | | | | |
| 2. | | | | | | |
| 3. | | | | | | |
| 4. | | | | | | |
| 5. | | | | | | |
| usw. | | | | | | |

8. Nachdem alle ihre Bewertungen zu Papier gebracht haben, überträgt der Moderator gut sichtbar die kumulierten Voten in die Bewertungsskala. Dadurch ergibt sich eine Gegenüberstellung der Einstufungen des Vorgesetzten und der Mitarbeiter. Sie werden in der Folge, entsprechend der Kommunikations- und Feedbackregeln, diskutiert.

9. Die Diskussion unterliegt folgenden Regeln: Zunächst interpretiert der Moderator das durch die Mitarbeiter erstellte Fremdbild des Vorgesetzten und fordert die Teilnehmer auf, die Entstehung dieses Bildes offen zu begründen. Die Führungskraft hat in dieser Phase die Chance, nachzufragen und um Konkretisierung zu bitten. Im Anschluß daran präsentiert der Vorgesetzte sein Selbstbild zum Führungshandeln und begründet es. Der Moderator steuert und moderiert diesen Prozeß. Dazu gehört, daß er nachfragt, ob ein gemeinsamer Regelungsbedarf besteht, um diesen gegebenenfalls schriftlich zu fixieren. Dies ist dann

der Fall, wenn sich in der Diskussion ein Bedarf an *kollektiver Verhaltensänderung, strukturellen* oder *organisatorischen Verbesserungen* ergibt. Dort, wo eindeutig ein Nachdenken oder eine Verhaltensänderung des Vorgesetzten angezeigt ist, sollte allerdings darauf verzichtet werden, um Zwang und Druck zu vermeiden. Nur wenn die Bereitschaft einer Führungskraft vorhanden ist, sich mit ihrem Führungsverhalten freiwillig und kritisch auseinanderzusetzen, wird sie auch Korrekturen vornehmen. Dem Vorgesetzten bleibt es selbstverständlich unbenommen, im Plenum seine Einsichten kund zu tun und Absichten auszusprechen. Auf alle Fälle sollte der Moderator die Wünsche der Mitarbeiter an den Vorgesetzten am Flip-Chart oder einer Stellwand festhalten, sie aber eindeutig als „Wünsche" formulieren. Als Beispiel für eine entsprechende „Ziele- und Vorsatzsammlung" oder einen „Wunschkatalog" bieten sich folgende Darstellungsformen an:

---

**Ziele und Vorsätze:**

Für die nächsten (sechs Monate, 1 Jahr, 2 Jahre usw.) wollen wir uns gemeinsam für unsere Arbeit folgendes vornehmen:

1.
2.
3.
usw.

---

**Wunschkatalog zum Führungsverhalten unseres Vorgesetzten:**

1.
2.
3.
usw.

---

10. Daran anschließend müssen gemeinsame Kriterien gefunden werden, die es den Mitarbeitern ermöglichen zu beurteilen, ob sich das erwünschte neue Vorgesetztenverhalten eingestellt hat. Also müssen folgende Fragen beantwortet werden: „Wie sieht das Handeln des Vorgesetzten aus, wenn er das erwünschte Verhalten zeigt?" oder „Woran merken wir, daß unser Chef sein Handeln entsprechend unseren Erwartungen verändert hat?" Der Vorgesetzte seinerseits kann in dieser Phase den Beitrag der Mitarbeiter dazu einfordern und fragen, auf welche Weise sie ihn bei der Umsetzung ihrer Wünsche und Erwartungen unterstützen können.

11. Der Moderator faßt am Ende des Workshops die *wichtigsten Diskussionspunkte, kollektiven Ziele* und *Vorhaben* sowie die *Wünsche der Mitarbeiter* an den Vorgesetzten zusammen. Er verdeutlicht nochmals die Bedeutung einer guten, reibungslosen und von Respekt getragenen betrieblichen Zusammenarbeit. Sinnvollerweise sollte er auf ein Folgetreffen hinarbeiten, das zur Überprüfung der Workshop-Ergebnisse dient.

### 11.2.3.2 Workshop-Variante 2

*Inhalt:* Moderiertes, anonymes oder offenes Feedback anhand einer *vorgegebenen Checkliste*

*Benötigte Materialien:*
– Checkliste zum Führungsverhalten des Vorgesetzten
– Ein Flip-Chart, Filzstifte, evtl. Stellwände

*Dauer:* 1 Tag

*Ablauf:* Wie in „Variante 1" mit dem Unterschied, daß *keine Führungsqualitäten erarbeitet, sondern vorgegeben* werden. Hierzu bietet sich eine Art Checkliste an, wie sie nachfolgend beispielhaft dargestellt ist. Auch bei der Auswahl der Kriterien für diese Liste müssen die Grundsätze für die Auswahl von Kriterien zur Bewertung von Führungsverhalten, wie sie bereits beschrieben wurden, befolgt werden. Insbesondere heißt das Rückgriff auf die *Unternehmensphilosopie*, die *Führungsgrundsätze, Visionen* und *Strategien*, um relevante Führungsmerkmale zur Hand zu haben.

*Anmerkung:* Für das Arbeiten mit einer Checkliste spricht die zeitliche Ökonomie sowie die thematische Relevanz der Inhalte. So fällt das Zusammentragen von Führungsqualitäten durch die Teilnehmer weg, und die Inhalte haben einen stärkeren Bezug zu den Führungsgrundsätzen, Strategien oder der personalwirtschaftlichen Ausrichtung des Unternehmens. Beide Varianten haben ihre Vorzüge und müssen von den Verantwortlichen für den Workshop ausgewählt werden.

1. Nach der Einstimmung, der Erläuterung der im Workshop zu bewältigenden Aufgabe sowie dem Erklären der Kommunikations- und Feedback-Regeln bittet der Moderator, die ausgeteilten Checklisten entsprechend der Instruktion auszufüllen. Auch der Vorgesetzte füllt ein Exemplar aus, um sein Selbstbild zu erarbeiten.

2. Wenn die Workshop-Teilnehmer mit ihrer Arbeit fertig sind, stellt der Moderator folgende Alternativen zur Entscheidung:

   a) Möchten die Teilnehmer ihre Einstufungen zur Auswertung dem Moderator offen zurufen oder
   b) die Listen mit Namen versehen, um offene Rückfragen an die Schreiber stellen zu können oder
   c) wollen sie ihre Anonymität wahren und den Moderator die Wertungen der eingesammelten Listen unkommentiert in das Schema übernehmen lassen?

In den ersten beiden Fällen kann der Moderator bzw. der Vorgesetzte sich die Rückmeldung durch den betreffenden Mitarbeiter in der Diskussionsrunde erläutern lassen. Im Fall der anonymen Abgabe bleibt die Bewertung namenlos, wenn sich der Schreiber nicht freiwillig zu Wort meldet. Die

# Checkliste zum Führungsverhalten des Vorgesetzten

Name ..................................

Hinweis:
*„Bewerten Sie bitte durch Ankreuzen auf der angegebenen Fünfer-Skala die nachfolgend aufgeführten Kriterien zum Führungsverhalten Ihres Vorgesetzten. Wählen Sie die Zahl, die Ihrer Meinung nach die Richtung des Verhaltens am besten widerspiegelt. Dort, wo Sie glauben, daß Ihre Führungskraft mehr von diesem Verhalten zeigen sollte, machen Sie bitte ein Kreuz in das dafür vorgesehene Kästchen auf der linken Seite (Ja-Spalte)."*

| JA | Aussage | Einstufung | Aussage |
|---|---|---|---|
| | Er ist Teil unseres Teams | 1 2 3 4 5 | Er verhält sich dem Team gegenüber distanziert |
| | Bei seinen Entscheidungen bezieht er uns Mitarbeiter ein | 1 2 3 4 5 | Er entscheidet, ohne uns einzubeziehen |
| | Er delegiert nicht nur Arbeiten, sondern auch die Entscheidungskompetenz und die Verantwortung | 1 2 3 4 5 | Er delegiert nur Arbeiten an uns, ohne uns Entscheidungskompetenz und Verantwortung zu übertragen |
| | Er gibt uns Handlungsspielraum und läßt uns selbständig arbeiten | 1 2 3 4 5 | Wir werden von ihm eher eingeengt und haben keinen Freiraum |
| | Er bringt uns große Wertschätzung entgegen | 1 2 3 4 5 | Er sieht nur die Bewältigung der Arbeit, ohne uns als Personen zu respektieren |
| | In schwierigen Situationen unterstützt er uns sowohl fachlich als auch persönlich | 1 2 3 4 5 | Wir erhalten keinerlei Unterstützung von ihm |

### Checkliste zum Führungsverhalten des Vorgesetzten
Fortsetzung

| JA | Aussage | Einstufung | Aussage |
|---|---|---|---|
|  | Unser Vorgesetzter und wir Mitarbeiter kennen unsere unterschiedlichen Rollen und wissen, welche Erwartungen damit verbunden sind | 1 2 3 4 5 | Unsere Rollen sind unklar, und wir wissen eigentlich nicht so recht, welche Erwartungen an uns und unsere Führungskraft gestellt sind |
|  | Über Probleme, die unser Vorgesetzter hat, spricht er offen mit uns | 1 2 3 4 5 | Er neigt dazu, seine Schwierigkeiten für sich zu behalten, und es fällt ihm schwer, darüber zu reden |
|  | Er geht Risiken ein | 1 2 3 4 5 | Er sichert sich ab und meidet Risiken |
|  | Er ermutigt uns zur kreativen Problemlösung | 1 2 3 4 5 | Er würgt Vorschläge von uns einfach ab |
|  | Er wünscht Feedback, um sein Verhalten korrigieren zu können | 1 2 3 4 5 | Er hat Schwierigkeiten damit, uns um Rückmeldung zu bitten |
|  | Er ist für Neues aufgeschlossen und praktiziert neue Lösungswege | 1 2 3 4 5 | Er arbeitet normalerweise nach hergebrachten Methoden und probiert keine neuen Problemlösungsansätze aus |
|  | Er fällt rasch Entscheidungen und bedenkt die dabei entstehenden Folgen | 1 2 3 4 5 | Er ist mit Entscheidungen sehr zögerlich und ist sich der Konsequenzen seiner Entscheidungen nicht immer bewußt |

| **Checkliste zum Führungsverhalten des Vorgesetzten** Fortsetzung ||||
|---|---|---|---|
| JA | Aussage | Einstufung | Aussage |
| | Seine Argumentationen sind überzeugend und stichhaltig | 1 2 3 4 5 | Er argumentiert diffus und wenig stichhaltig |
| | Bei allem was er sagt und tut, ist er sehr glaubwürdig | 1 2 3 4 5 | Bei ihm weiß man nicht genau, woran man ist und ob man glauben kann, was er sagt und tut |
| | Bei der Umsetzung seiner Entscheidungen und Ideen ist er handlungsorientiert und konsequent | 1 2 3 4 5 | Er trifft zwar Entscheidungen und hat gute Ideen, kann diese aber nicht umsetzen |
| | Er führt regelmäßig Gespräche mit uns, um zu sehen, wie wir mit der Arbeit zurechtkommen | 1 2 3 4 5 | Er spricht nur mit uns, wenn es die offiziellen Anlässe verlangen (Beurteilung, jährliches Mitarbeitergespräch usw.) |

vergebenen Werte, ob offen oder anonym mitgeteilt, trägt der Moderator in ein vorbereitetes Auswerteschema ein. Er berechnet anschließend die Mittelwerte und die Streuung der Punktbewertung (höchster und niedrigster Wert).

3. Danach diskutieren die Teilnehmer die errechneten Werte im Vergleich zum Selbstbild des Vorgesetzten. Sie sprechen über die konkreten Handlungsweisen, die im Zusammenhang mit den einzelnen Items stehen, begründen, konkretisieren ihre Voten und geben Beispiele.

Das weitere Vorgehen ist analog der Variante 1.

Die Checkliste auf S. 157 bietet sich für ein strukturiertes Vorgehen im Workshop an.

### 11.2.3.3 Workshop-Variante 3

*Inhalt:* Moderiertes, offenes und unstrukturiertes Feedback

*Benötigte Materialien:*
- Ein Flip-Chart, Filzstifte, Klebeband
- Evtl. vorbereitete Charts

*Dauer:* 1 Tag

*Ablauf:* Die Durchführung einer ganz offenen, ohne vorgegebene Inhalte strukturierten Sitzung kann von großer intellektueller Anziehungskraft sein und einen interessanten gruppendynamischen Prozeß auslösen. Durch eine sorgfältige und fundierte Analyse des Führungsverhaltens aus dem Blickwinkel von Mitarbeiter und Vorgesetztem sind Lösungen von zentralen Problemen möglich. Aber auch ein zusätzlicher Motivationsschub kann sich für beide Seiten daraus ergeben, insbesondere, wenn bereits eine gute Zusammenarbeit besteht. Insofern ist diese Variante eine weitere gute Möglichkeit, Managern eine Standortbestimmung in bezug auf ihr Führungsverhalten zu geben. An den Moderator werden bei dieser Workshop-Variante große Anforderungen gestellt. Er muß einerseits auf den zeitlichen Rahmen achten, andererseits die Gruppe so steuern, daß sie sich nicht in Details verliert, „Rabattmarken" aus früheren Konflikten einlöst oder sich anderweitig verliert. Der Erfolg dieser Variante hängt sehr stark von der Bereitschaft der Teilnehmer ab, sich in diesen Prozeß hineinzubegeben und Offenheit zu praktizieren. Von dieser Form von Vorgesetzten-Feedback sollte Abstand genommen werden, wenn diese Voraussetzungen nicht gegeben sind.

Nachfolgend einige Vorschläge in nicht zwingender Reihenfolge, die die Gestaltung eines offenen und unstrukturierten Workshops zum Vorgesetzten-Feedback erleichtern sollen:

1. Nach der Einstimmung, der Erläuterung der Intention, die mit dem Workshop verbunden ist, sowie dem Erklären

der Kommunikations- und Feedback-Regeln bittet der Moderator um Vorschläge für eine konstruktive Rückmeldung an den Vorgesetzten.

*Anmerkung:* Überraschenderweise kommen in den meisten Gruppen auf diese Bitte hin Vorschläge, die ein produktives Arbeiten ermöglichen. Sie lehnen sich meist an bereits erlebte Methoden aus Seminaren usw. an. Oft vorgeschlagen wird die *Metaplan-Technik.* Hierbei werden die Teilnehmer aufgefordert, Sätze oder Begriffe, die mit der Thematik in sinnvollem Zusammenhang stehen, auf verschiedenfarbige Kärtchen zu schreiben. Der Moderator sammelt diese ein und gruppiert sie thematisch an einer Stellwand oder klebt sie gut sichtbar an das Flip-Chart oder an Stellwände.

2. Vielfach sprudelt es geradezu aus Mitarbeitern heraus, so daß kein spezielles methodisches Vorgehen notwendig wird. Hier werden häufig Mitarbeiter aktiv, die der Führungskraft positiv zugetan sind. Bei insgesamt negativer Stimmung gegenüber dem Vorgesetzten passiert es allerdings nicht selten, daß Mitarbeiter mit einem destruktiven Austausch über das Vorgesetztenverhalten beginnen. Geschieht dies, muß der Moderator darauf achten, daß keine negativ aufgeladene Atmosphäre entsteht. Vor allem darf bei der zentralen Person, der Führungskraft, nicht das Gefühl entstehen, vor Gericht zu stehen. Durch geschicktes Steuern, Betonen positiver Rückmeldungen u.a.m. kann der Moderator diesen Prozeß ausgewogener gestalten. Auch sollte er Themenschwerpunkte eingrenzen, Problemfelder herausarbeiten oder, bei meist positivem Verlauf, einfach das rückgemeldete Lob seitens der Mitarbeiter sammeln.

3. Auch hier ist es für den Moderator hilfreich, wenn er Selbst- und Fremdbild des Vorgesetztenhandelns gegenüberstellt. Dazu kann er einzelne, von ihm willkürlich herausgegriffene Führungsqualitäten ins Zentrum der Reflexion stellen. Dies sind die Mittelpunkte, um die herum sich i.d.R. eine rege Diskussion ergibt.

4. Falls sich in einer Gruppe keine Diskussionsrichtung herauskristallisiert, soll hier noch eine methodische Anregung für den Moderator gegeben werden, die die gewünschte Dynamik in Gang bringen kann.

- Der Moderator hängt vorbereitete Charts im Raum auf und bittet die Teilnehmer, die darauf begonnenen Sätze zu vervollständigen:

Beispiele:

○ *„Von meinem Vorgesetzten wünsche ich mir ..."*
○ *„Von mir erwartet mein Vorgesetzter ..."*

- Parallel dazu ergänzt der Vorgesetzte folgende, auf separatem Papier notierte Sätze:

○ *„Als Führungskraft sehe ich meine wichtigsten Aufgaben darin ..."*
○ *„Ich wünsche mir von den Kolleginnen und Kollegen ..."*

- Die Auswertung der Satzergänzungen und die Diskussion darüber kann in gleicher Weise geschehen wie in den Varianten 1 und 2. Selbstredend läßt die offene Rückmeldung dem methodischen Geschick und dem Ideenreichtum des Moderators viel Spielraum.

# 12. Das Interview als Instrument der Rückkoppelung erlebten Führungsverhaltens

Interviews sind *qualitative Methoden,* die für die Rückkoppelung erlebten Vorgesetztenverhaltens durchaus geeignet sind. Sie erfordern zwar gegenüber dem Fragebogen oder der Durchführung eines Workshops einen gewissen Mehraufwand und sind kostenintensiver, dennoch haben sie Vorteile, die namentlich im verbalen Zugang zur Erlebniswelt der Befragten bestehen. Da der Interviewte „Experte für sein subjektives Empfinden" ist, können sich mit dieser Methode originäre, vom Interviewer hinterfragbare und semantisch präziser beschreibbare Erfahrungen erheben lassen. Bei den Interviewtechniken werden *offene* von *geschlossenen, unstrukturierte* von *strukturierten* und *qualitative* von *quantitativen Formen* unterschieden. In der Praxis hat sich vor allem das *themenzentrierte Interview* bewährt, das im folgenden beschrieben wird.

## 12.1 Das themenzentrierte Interview

Diese Form des Interviews richtet sich auf das erlebte Vorgesetztenverhalten. Es setzt damit am subjektiven Bedeutungsgehalt von Führung jedes befragten Mitarbeiters an. Diese Interviewform wählt den sprachlichen Zugang, ist *offen* und *halbstrukturiert,* d.h., der Interviewer hat sich bereits vor dem Gespräch über die Inhalte Gedanken gemacht und einen *Interviewleitfaden* entwickelt. Das Thema wird vom Interviewer eingeführt und zieht sich als roter Faden durch die Befragung. Damit lenkt der Interviewer auf bestimmte Fragestellungen, ohne Antworten vorzugeben. Diese Form des Interviews läßt den Gesprächspartner möglichst frei zu Wort kommen, um eine vertrauliche, offene Atmosphäre zwischen ihm und dem Befrager zu erzeugen. Allerdings werden die gegebenen Antworten anonym verarbeitet und finden mit vielen anderen Antworten ihren Eingang in den Ergebnisbericht. Die Ergebnisdarstellung kann sich auf das Gesamtunternehmen, einen Bereich, eine Abteilung oder das Team, für das eine Führungskraft zuständig ist, beziehen. Dabei gilt jedoch, daß eine ausreichende Anzahl von Mitarbeitern befragt werden muß, um Anonymität zu gewährleisten und eine Rückverfolgung der Antworten auszuschließen. Einem Vorgesetzten, der für zwei Mitarbeiter Verantwortung trägt, dürfte es leicht fallen zu erkennen, was von wem gesagt wurde. Andererseits besteht auch bei dieser Form von Feedback die Möglichkeit, von vornherein diese Anonymität aufzuheben, um dem Vorgesetzten nach Auswertung der Interviews die Chance zu geben, auf Mitarbeiter zuzugehen und das Gespräch zu suchen.

Die drei Grundpfeiler des themenbezogenen Interviews sind:

a) *Themenzentriertheit* durch wesentliche inhaltliche Aspekte, die durch die Konstrukteure des Leitfadens erarbeitet werden (Führungsqualitäten, -merkmale, -kriterien; Grundsätze etc.)
b) Am Gegenstand der Befragung orientierte *spezifische Gestaltung* des Verfahrens (Erfragen von Beispielen, wahrgenommenen Situationen, erlebtem Verhalten, registrierten Fällen usw.)
c) *Prozessuale Orientierung* im Vorgehen, um schrittweise und flexibel Informationen über das Führungsverhalten von Vorgesetzten zu erhalten.

Das wesentlichste Merkmal dieser Interviewform ist die *Offenheit*, d.h., der Befragte kann frei von verschiedenen Antwortmöglichkeiten seine Gedanken formulieren. Damit hat der Interviewer die Chance,

– die sehr subjektiven Sichtweisen und Interpretationen des interviewten Mitarbeiters zu erfahren (*„Auf mich wirkt das Verhalten meines Vorgesetzten ..."*);

- das Bedingungsgefüge, das zu einem spezifischen Vorgesetztenverhalten führt, zu erfragen (*„Immer wenn ..."*);
- zu überprüfen, ob er verstanden wurde (*„Sind Ihnen die von mir geschilderten Bedingungen deutlich?"*).

## 12.1.1 Der Ablauf des Interviews

Es bietet sich folgende Schrittfolge im Interview an:

*1. Einstimmung.* Beim Interview ist es von besonderer Bedeutung, die Vertraulichkeit des Gesprächs und die Anonymität der festgehaltenen Antworten seitens des Interviewers hervorzuheben. Gleichzeitig muß der Interviewer auf den zeitlichen Rahmen aufmerksam machen. Dieser bewegt sich zwischen 45 und 60 Minuten.

*2. Fragen zum Aufwärmen.* Diese allgemein gehaltenen Fragen sollen helfen, ins Thema einzusteigen. Es können Informationen über Alter, Betriebszugehörigkeit, Dauer der Zusammenarbeit mit dem Vorgesetzten usw. sein.

*3. Sondierungsfragen.* Mit dieser Fragenkategorie ist es möglich, die subjektive Bedeutung des Themas für den Interviewpartner zu erfahren (*„Wie wichtig ist Ihnen das Thema 'Führung' für Ihre allgemeine Arbeitszufriedenheit, wenn Sie es auf einer Skala von 1 bis 5 einstufen sollen, wobei 1 bedeutet ... usw."*).

*4. Leitfadenfragen.* Dies sind die im Interviewleitfaden zusammengestellten, bedeutsamen Themenaspekte mit dem wesentlichsten Informationsgehalt für die Rückkopplung an die Führungskräfte.

*5. Spontanfragen.* Während des Interviews stoßen Befragter und Interviewer immer wieder auf Aspekte, für die im Leitfaden keine passenden Formulierungen zu finden sind. Insofern sie für ein Vorgesetzten-Feedback relevant sind, gilt es, diesen Wahrnehmungsbereich des Mitarbeiters in eine Frageform zu kleiden, um die Antwort für eine Rückmeldung an die Führungskraft verwenden zu können.

6. *Offene Fragestellungen.* Am Ende des Interviews bietet es sich an, eine projektive Frage zu stellen, um alle weiteren Aspekte, die mit dem Leitfaden nicht abgedeckt wurden, aber bedeutsam sein könnten, zu erfassen. Eine bewährte Frage ist: *„Wenn ich eine gute Fee wäre und Ihnen drei Wünsche in bezug auf das Führungsverhalten Ihres Vorgesetzten erfüllen könnte, was würden Sie sich wünschen?"* Die Antworten darauf werden nach Möglichkeit wortgetreu notiert.

### 12.1.2 Schulung der Interviewer

Gesprächspartner dürfen während des Interviews nicht das Gefühl haben „ausspioniert" oder „ausgehorcht" zu werden. Eine entsprechende Schulung der Interviewer ist daher notwendig, damit sie sich auf ihre Gesprächspartner einstellen können. Sie sollte neben der Vermittlung der Ziele von Vorgesetzten-Feedback, inhaltlichen Kenntnissen und dem korrekten Protokollieren vor allem den richtigen Umgang mit den Befragten zum Inhalt haben, also den Umgang mit Widerstand, das „Lesen zwischen den Zeilen", das Nachfassen und Formulieren entsprechender Fragen, kurz das *adäquate Kommunizieren*. Dazu gehört auch die Fähigkeit, das Interview stringent, aber ohne Druck für die Befragten, in einem Zeitrahmen von 45 bis 60 Minuten durchzuführen. Der angegebene Zeitraum basiert auf Erfahrungswerten, wobei der Umfang des Interviewleitfadens berücksichtigt werden muß. Ein Gefühl für die benötigte Zeit ergibt sich am ehesten durch einen Probelauf, jedoch sollte dieser aus ökonomischen Gründen die Zeitvorgaben nicht überschreiten.

### 12.1.3 Protokollierung der Interviewantworten

Neben dem Interviewleitfaden ist besonderes Augenmerk auf die Aufzeichnung der Antworten zu legen. Sie bilden die Basis für eine fundierte Rückmeldung an die Führungskräfte. Sie wird am sinnvollsten auf einem speziellen Bogen vorgenommen, der eine Kombination aus Fragen des Leitfadens und freien Zeilen für die Antwortnotierung enthält. *Tonbandprotokolle* sind selbstverständlich auch möglich und bieten eine genaue Aufnahme der Aussagen. Sie sind aber in der Praxis so gut wie nicht gebräuchlich, da sie die Bereitschaft der Feedback-Geber, offen zu antworten, drastisch einschränken.

### 12.1.4 Die Auswertung des themenzentrierten Interviews

Die Auswertung des themenzentrierten Interviews ist aufgrund der standardisierten Fragestellungen relativ unproblematisch. Es bietet durch seine Konstruktion und praktische Umsetzung vielerlei Möglichkeiten des Vergleichs. Bei größeren Befragtengruppen ist darüber hinaus eine Verallgemeinerung der Aussagen leicht möglich, was der bewerteten Führungskraft mehr Informationssicherheit bietet. Im Unterschied zum Fragebogen hat das Interview durch den direkten Kontakt zwischen Interviewer und Befragten den großen Vorteil, Mißverständnisse in bezug auf einzelne Begriffe zu minimieren. Befrager können bei Mißinterpretationen durch den Feedback-Geber rasch eingreifen bzw. den Gesprächspartner direkt bitten, seine Aussagen zu präzisieren. Insofern sind die Resultate valider und reliabler.

### 12.1.5 Ergebnisrückmeldung an die Führungskräfte

Die Prinzipien der Vermittlung der Resultate der Interviews an die Führungskräfte sind die gleichen wie beim Fragebogen. Die Ergebnisse werden beispielsweise schriftlich in Form eines Berichtsbands, evtl. mit Graphiken, aufbereitet oder mündlich vermittelt. Entsprechend den von der Projektgruppe aufgestellten Grundsätzen werden sie einzeln, abteilungsweise oder unternehmensweit rückgemeldet. Mündliche Präsentationen der Interviewresultate können sowohl *kollektiv* als auch *einzeln* durchgeführt werden. Für die mündliche Information der betroffenen Vorgesetzten sollte die Person zur Verfügung stehen, die die relevanten Befragungen durchgeführt hat, um über die Antworten hinaus Atmosphärisches und Details rückzumelden. Damit erhält der einzelne Vorgesetzte zusätzlich wichtige Informationen, die evtl. nur für ihn relevant sind und ihm eine wirklichkeitsnahe Standortbestimmung seines Managementverhaltens ermöglichen.

### *12.1.6 Kritische Bewertung dieses Instrumentes*

Als Methode einer theoriegeleiteten und an einem Thema ausgerichteten Informationsgewinnung zum erlebten Führungsverhalten von Vorgesetzten bietet sich das Interview als ideales Instrument an. Gleichwohl ist der zeitliche Aufwand durch die Einzelgespräche nicht unerheblich, und die entstehenden Kosten sind nicht zu vernachlässigen. So schafft ein Befrager maximal acht bis neun Interviews à 45–60 Minuten pro Tag, eine 30minütige Pause eingerechnet. Mehr geht auf Kosten der Qualität der Durchführung. Hier müssen von den Entscheidungsträgern Prioritäten zwischen Quantität und Qualität gesetzt werden. Eine fundiert ausgearbeitete Entscheidungsgrundlage, aus der die Vor- und Nachteile ersichtlich sind, ist daher von der federführenden Fachabteilung oder der mit dem Projekt Vorgesetzten-Feedback betrauten Projektgruppe zu erarbeiten. Zusammenfassend kann allerdings festgehalten werden, daß sich immer dann die Befragung unter vier Augen anbietet, wenn man bei der Informationssammlung zum Vorgesetztenverhalten in die Tiefe gehen möchte. Gleichwohl erfordert eine größere Zahl von zu befragenden Mitarbei-

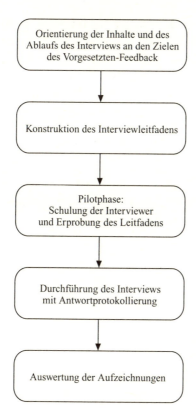

**Abb. 16:** Ablaufmodell des themenzentrierten Interviews

tern einen nicht unerheblichen Koordinations- und Organisationsaufwand, da die Interviews möglichst in einem kurzen und übersichtlichen Zeitraum durchgeführt werden müssen, um Verfälschungstendenzen durch die informelle betriebliche Kommunikation zu verhindern. Die Hamburger-Elektricitäts-Werke AG beispielsweise ließ im Rahmen einer Mitarbeiterbefragung, bei der auch Fragen zum Führungsstil erhoben wurden, in einem Zeitraum von 10 Tagen 15 Interviewer parallel arbeiten (*Grabner,* 1985), um den

Austausch über die Fragen der Interviewer möglichst gering zu halten.

Noch ein Wort zu den Interviewern: Die Praxis zeigt, daß *externe Befrager* eine größere Akzeptanz bei Befragten haben. Ihnen wird unterstellt, keine „Aktien an der Firma zu haben", also nicht interessengeleitet zu agieren. Sie gelten als verschwiegener, da sie ihren Ruf aufs Spiel setzen, wenn sie die vereinbarte Anonymität verletzen. Vertretern der Personalabteilung oder Personalentwicklung wird hingegen häufig ein spezifisches Interesse unterstellt, wie immer dies auch aussehen mag. Ob dies tatsächlich so ist, sei dahingestellt. Auch Berater haben ihre Interessen, u. U. aber auch entsprechende Lösungen für die sich aus den Befragungen ergebenden Führungsprobleme.

# 13. Vorgesetzten-Feedback über Rückmeldekarten

Neben den bisher beschriebenen Möglichkeiten existiert eine weitere Gelegenheit für Vorgesetzte, eine Bewertung ihres Führungsverhaltens zu erhalten – ein Feedback via *Rückmeldekarte für Führungsfehler*. Diese im *Kaizen* praktizierte Methode beinhaltet allerdings nur die Rückkoppelung von Führungsfehlern, also von Handlungen der Führungskraft, die *Ärger, Frustrationen* und *Demotivation bei Mitarbeitern* auslösen oder *Störungen der Zusammenarbeit* bzw. des *Arbeitsablaufs* darstellen (vgl. *Bühner,* 1997). Dieser Ansatz stellt damit eine Negativrückkoppelung dar. Das Verfahren selbst läuft wie folgt ab: Mitarbeiter oder Kollegen füllen die „Rückmeldekarte für Führungskräfte" mit dem wahrgenommenen, aus ihrer Sicht nicht optimalen Führungsverhalten aus und lassen sie dem Vorgesetzten zukommen. Der einzelne Mitarbeiter kann seine Karte dem Vorgesetzten direkt überreichen und durch mündliche Erläuterungen ergänzen oder anonym an ihn weiterleiten. Hierzu können die Verantwortlichen des Betriebes Briefkästen einrichten. Die Auswertung geschieht über die Kumulierung der genannten Fehler, die, so die Prämisse dieser Vorgehensweise, als blinde Flecken dem Vorgesetzten nicht bewußt sind. Je nach Einbindung dieser Art Rückmeldung, z.B. in ein Qualitätssicherungssystem, wird in der Folge die Ursachenforschung betrieben. Sie kann auf unterschiedliche Weise erfolgen, sollte aber auf alle Fälle so etabliert werden, daß einzelne Führungskräfte keine Chance erhalten, unangenehme Informationen zu ihrem Führungsverhalten zu verbergen.

Ein solches Rückmeldesystem beinhaltet natürlich auch das Risiko für Vorgesetzte, von Mitarbeitern nur auf die negativen Auswirkungen ihres bewußten oder unbewußten Handelns im Umgang mit ihnen hingewiesen zu werden.

### Rückmeldekarte zum Führungshandeln

Name des Vorgesetzten:      Datum:

Art des Führungshandelns:

..........................................

Was mir daran gefallen hat:

..........................................

Was nicht optimal/falsch gelaufen ist:

..........................................

Was ich als Ursache dafür sehe:

..........................................

Was aus meiner Sicht anders gemacht werden sollte:

..........................................

Diese Information dient nur dem Feedback ☐

Ich wünsche ein Gespräch ☐

Mein Name: ..................................

Ihr vielleicht überwiegend untadeliges Führungsverhalten findet keine Anerkennung, was auch bei ihnen Enttäuschungen und Unzufriedenheit auslösen kann. Aus psychologischer Sicht ist es daher besser, ein Vorgesetzten-Feedback via Rückmeldekarte um eine positive Variante zu ergänzen. Dieser Gedanke kann durch das Einfügen einer Rubrik für positiv erlebtes Führungsverhalten auf der Karte problemlos umgesetzt werden. Schließlich könnten unter diesem Aspekt auch farblich verschiedene Karten benutzt werden. So stünde *rot* für „Führungsfehler" und *grün* für „Zufriedenheit mit dem Vorgesetzten".

## 13.1 Der Aufbau der Rückmeldekarte

Auch beim Vorgesetzten-Feedback via Rückmeldekarte gibt es keinen Königsweg. Viele Möglichkeiten bieten sich an, die wiederum in ihrer Ausgestaltung von der gelebten Unternehmenskultur und den Zielen des Verfahrens abhängig sind. Ein Vorschlag für die Gestaltung einer Feedback-Karte findet sich auf S. 172.

# 14. Feedback durch Gleichgestellte

Die Einschätzung von Gleichgestellten wird im Rahmen von Assessment-Centern bereits seit Jahrzehnten praktiziert. Das „Peer-Assessment" beinhaltet die Einstufung der Leistung der Kollegen oder anderer Teilnehmer nach einer Assessment-Center-Übung (z. B. Gruppendiskussion). Das Interessante an dieser Form der Verhaltens- oder Leistungsbeurteilung ist die recht gute Reliabilität und Validität der erzielten Urteile. So zeigen die Vergleiche der Einstufungen der Beobachter und die der Gleichgestellten eine hohe Übereinstimmung, d.h., Personen in vergleichbarer Funktion können das Verhalten bzw. die Leistung eines Kollegen sehr genau beurteilen. Dies zeigen auch etliche Studien zum Thema (vgl. *Reilly/Chao*, 1982). *Jeserich/Frennekels* (1982) sprechen von einer Vergleichbarkeit mit den Beobachterprognosen, wenngleich auch mit einer stärkeren Streubreite.

### 14.1 Die Voraussetzungen für ein Gleichgestelltenurteil

Die Rückkoppelung wahrgenommenen individuellen Führungsverhaltens durch Gleichgestellte ist nicht nur sinnvoll, sondern gibt dem Feedback-Nehmer auch zusätzliche Informationen, über die nur diese Personengruppe verfügt. Somit tun sich weitere Erkenntnisquellen auf, die sich von den Informationen aus Mitarbeiterhand unterscheiden. Interessanterweise finden sich beim Feedback durch Gleichgestellte, etwa bei Führungskräften, keine Urteilsverzerrungen aufgrund von Vorurteilen wie etwa Gegnerschaft oder Sympathie. Anscheinend sind sich Manager in der Rolle als Feedback-Geber durchaus ihrer Verantwortung bewußt und vermeiden Tendenzen zur Milde oder Strenge (vgl. *Waters/Waters*, 1970).

Problemlos läßt sich ein Feedback zum Führungsverhalten durch Gleichgestellte im Rahmen von Personal- und Organisationsentwicklungsmaßnahmen praktizieren. Steht der Wunsch nach einer *Verbesserung der Zusammenarbeit* im Mittelpunkt oder das *individuelle Lernen* des Feedback-Nehmers, sind Führungskräfte i.d.R. zu einem Urteil über Kollegen bereit. Besonders ausgeprägt ist dies, wenn man selbst durch die Rückmeldung der anderen profitiert. Sollen hingegen die Einschätzungen zu *Selektionszwecken* eingesetzt werden, ist die Bereitschaft zu einer Rückmeldung äußerst gering, ebenso wenn Führungskräfte in direkter Konkurrenz zueinander stehen und die Urteile auf die eigene Position negative Auswirkungen haben könnten. Diese Einflüsse sowie andere grundsätzlich Bedenken im Kontext mit dem Vorgesetzten-Feedback, die bereits beschrieben wurden, kommen auch beim Gleichgestelltenurteil zum Tragen.

Führungskräfte-Feedback durch Gleichgestellte muß folgende Kriterien erfüllen, um erfolgreich zu sein:

Die Feedback-Geber müssen

- aus einer eingrenzbaren Personengruppe stammen (z.B. gleicher Bereich),
- die gleiche oder eine vergleichbare Führungsfunktion ausüben,
- einer vergleichbaren Hierarchiestufe angehören,
- tägliche Erfahrungen mit dem Führungsverhalten des Feedback-Nehmers machen können,
- grundsätzlich bereit sein, sich gegenseitig Feedback zu geben,
- umfassend darüber informiert sein, wozu die Rückmeldungen verwendet werden,
- ihre Rückkoppelung zum Führungsverhalten eines Kollegen anonym abgeben können, es sei denn, die Kultur erlaubte ein offenes Feedback und
- sie müssen es freiwillig tun können.

Für ein Feedback durch Gleichgestellte spricht, daß diese durch ihre alltäglichen Erfahrungen mit dem Feedback-Nehmer über eine *breitere Informationsbasis* verfügen. Darüber hinaus ist die *Akzeptanz eines Gleichgestelltenurteils* größer als das von direkten Vorgesetzten oder Mitarbeitern. Grund hierfür: Führungskräfte gehen davon aus, daß Gleichgestellte viel weniger subjektive Überlegungen in ihr Urteil einbauen. Schließlich spricht auch die Entwicklung einer gemeinsamen Führungskultur für ein Feedback durch Gleichgestellte. Insbesondere bei offen kommunizierten, turnusmäßigen Rückmeldungen werden Barrieren in der Zusammenarbeit im Kreise der Führungskräfte abgebaut, und Selbst- und Fremdbild eines Vorgesetzten können sich mit der Zeit angleichen.

Die Feedback-Praxis mittels Gleichgestelltenurteilen, die im übrigen noch wenig verbreitet ist, zeigt sich als besonders effektiv, wenn Bewertungen schriftlich und anonym abgegeben werden können. Natürlich besteht in einer entsprechenden Unternehmenskultur auch die Möglichkeit, ein offenes, nichtanonymes Urteil zum Führungsverhalten von Kollegen in einem Seminar, Führungskräftezirkel oder bei anderen Gelegenheiten abzugeben, bei denen Führungskräfte unter sich sind. Dabei gelten selbstverständlich die bereits für andere Instrumente und Vorgehensweisen beschriebenen theoretischen und methodischen Voraussetzungen.

Wie bei allen Feedback-Verfahren ist die langfristige Wirksamkeit immer eine Frage der Bereitschaft von Führungskräften, über sich zu reflektieren sowie über den Stellenwert, den sie einer solchen Rückkoppelung einräumen.

# 15. Rückmeldungen zum Führungsverhalten durch Kollegen und Projektgruppenmitglieder

Ein Feedback zum Führungsverhalten kann auch von einer Schnittmenge verschiedener Zielgruppen gegeben werden, beispielsweise von *Kollegen*, die nicht auf der gleichen Hierarchiestufe stehen und auch nicht unbedingt eine Führungsaufgabe innehaben müssen. Aber auch von Mitarbeitern, die einem Manager nicht direkt oder nur vorübergehend unterstellt sind, etwa in einer *Projektgruppe*. Voraussetzung für ein Feedback durch diese Personen ist, daß sie die Führungskraft über einen ausreichenden Zeitraum in einer Leitungsfunktion erlebt haben und damit ihr Handeln bewerten können. Der Vorteil dieses Vorgehens, welches in seinen Einzelheiten mit bereits beschriebenen Verfahrensweisen identisch ist, besteht darin, daß es nicht so aufwendig zu handhaben ist wie etwa das *mitarbeiterübergreifende Vorgesetzten-Feedback*. Gleichzeitig bietet es ein relativ ausgewogenes Verhältnis an subjektiver und neutraler Information, es klammert also subjektive Überlegungen direkt unterstellter Mitarbeiter weitgehend aus, bietet aber gleichzeitig die Sichtweise von Personen, die die betroffene Führungskraft aus nächster Nähe erleben, etwa als Kollegen oder für einen bestimmten Zeitraum als Projektmitarbeiter.

In der Praxis findet sich diese Form der Rückmeldung erlebten Führungshandelns immer dann, wenn ein mitarbeiterübergreifendes Feedback zu aufwendig erscheint und eine Bewertung durch direkt unterstellte Mitarbeiter als wenig „objektiv" eingeschätzt wird.

# 16. Ausblick

In vielen Unternehmen sind die Trends zu den weichen Bewertungs- und Beurteilungsformen von Mitarbeitern und Vorgesetzten immer deutlicher auszumachen. Dabei ragen zwischen den verschiedenen Methoden die *freien Rückmeldeformen* heraus, bei denen ein Gesprächsbogen, eine Checkliste oder das Sammeln von Führungsqualitäten in einem Workshop lediglich als Transportmittel zum intensiven Dialog dienen. Hieraus ergibt sich im Rahmen der Bewertung von Vorgesetzten und Mitarbeitern eine neue Qualität, denn es geht nicht mehr nur um den Inhalt und die Formalien, sondern um das, was die Beteiligten daraus machen. Somit ist nicht das eigentlich angewandte Verfahren wesentlich, sondern das Gespräch zwischen Vorgesetztem und Mitarbeiter, zwischen Feedback-Geber und -Nehmer.

Bestimmte Instrumente oder Methoden sind bereits heute das Vehikel in diesem Prozeß, mit denen partnerschaftlich und offen Problemlösungen auf der Sach- und der Beziehungsebene praktiziert werden. Wenngleich momentan immer noch die Mitarbeiter im Mittelpunkt des Interesses stehen, ist vielerorts ein Umdenken in den Betrieben zu registrieren. Vorgesetzten-Feedback gewinnt an Relevanz, und immer häufiger wünschen sich Führungskräfte ein offenes und ehrliches Feedback. Daraus wird die besondere Stellung des persönlichen und direkten Gesprächs, allerdings nicht nur zwischen Führungskräften und ihren Mitarbeitern, deutlich. Dies ist zwar nicht unbedingt eine neue Erkenntnis, weist aber auf eine andere Bewertung des Gesprächs hin. Nur durch eine ausgeprägte Feedback- und Kommunikationskultur wird die notwendige Transparenz von ablaufenden Prozessen geschaffen, die sich auf die Leistung und Arbeitszufriedenheit auswirken kann. Feedback über individuelle Leistung, das Verhalten und die

Wirkung auf andere wird zu einer regelrechten „Bringschuld" aller. Nur so können die Vision eines partnerschaftlichen Umgangs in einer entsprechenden Kultur umgesetzt und Kräfte zur Erreichung unternehmerischer Ziele optimal genutzt werden.

Unter dieser Prämisse werden klassische Beurteilungen, insbesondere die analytisch-schriftlichen Formen, immer mehr in den Hintergrund treten. Sie werden in abgespeckten Versionen nur noch die Grundlage für den eigentlich wichtigen Vorgang bilden, den Dialog zwischen Vorgesetztem und Mitarbeiter. Dort, wo sich *Beurteilungskulturen* verfestigt haben, wird der Druck stärker werden, nicht nur Mitarbeiter zu beurteilen, sondern auch den umgekehrten Weg zu gehen. Nicht zuletzt wird der Zwang zum Abbau von Hierarchien, der Wandel der Führungsrolle, verbunden mit der Notwendigkeit von mehr Persönlichkeitsbildung, Beweglichkeit und sozialer Kompetenz bei Führungskräften, diese Strömung noch befördern. Zu wünschen ist, daß Führungskräfte diese Entwicklungen rechtzeitig erkennen, ihren Beitrag dazu leisten und die immensen Chancen nutzen, die in einem Vorgesetzten-Feedback für alle Beteiligten liegen.

# 17. Anhang

## Itempool für Fragebogen zum erlebten Führungsverhalten

Hat Ihr Vorgesetzter eine Vorstellung (Vision) vom Endergebnis einer Aufgabe, die Sie bearbeiten?

Informiert Sie Ihr Vorgesetzter rechtzeitig über Entscheidungen, die Sie und Ihren Arbeitsplatz betreffen?

Kann er Ziele im Zusammenhang erläutern?

Pflegt Ihr Vorgesetzter einen freundlichen und höflichen Kontakt zu Ihnen?

Akzeptiert Ihr Vorgesetzter Lösungen von Ihnen, auch wenn Sie von seinen Vorstellungen abweichen?

Bespricht Ihr Vorgesetzter mit Ihnen die Ergebnisse Ihrer Arbeitsleistung?

Nutzt Ihr Vorgesetzter Ihre Kenntnisse und Fähigkeiten?

Kritisiert Sie Ihr Vorgesetzter in Gegenwart anderer?

Ist Ihr Vorgesetzter bereit, auf Vorschläge von Ihnen einzugehen?

Werden neue Mitarbeiter von Ihrem Vorgesetzten bezüglich des neuen Aufgabengebietes eingewiesen und unterwiesen?

Akzeptieren Sie Ihren Vorgesetzten persönlich?

Hilft Ihnen Ihr Vorgesetzter, wenn Sie persönliche Schwierigkeiten haben?

Wieweit macht Ihr Vorgesetzter Ihnen bei unterschiedlichen Meinungen deutlich, daß er der Chef ist und zu bestimmen hat?

Wieweit setzt sich Ihr Vorgesetzter für Ihre Weiterbildung und Förderung ein?

Hat Ihr Vorgesetzter selbst viele Ideen?

Zeigt sich Ihr Vorgesetzter daran interessiert, daß Sie sich an Ihrem Arbeitsplatz wohlfühlen?

Informiert sich Ihre Führungskraft über den Stand Ihrer Arbeit?

Informiert Sie Ihr Vorgesetzter über Ziel und Bedeutung Ihrer jeweiligen Arbeit?

Inwieweit werden Sie an Entscheidungen Ihres Vorgesetzten beteiligt, die Ihr Arbeitsgebiet betreffen?

Überträgt er Ihnen entsprechende Kompetenzen, wenn er eine Arbeit an Sie delegiert?

Traut Ihnen Ihr Vorgesetzter zu, auch solche Arbeiten selbständig zu erledigen, die er sonst nur selbst tut?

Glauben Sie, daß Ihr Vorgesetzter außergewöhnliche Arbeiten gut und richtig verteilt?

Verhält sich Ihr Vorgesetzter im Team als Partner?

Ist die Kontrolle Ihres Vorgesetzten störend?

Gibt Ihnen Ihr Vorgesetzter alle verfügbaren Informationen, die zur Erfüllung der zugewiesenen Aufgabe notwendig sind?

Erklärt er auch komplexe Sachverhalte einfach, kurz und interessant?

Reagiert Ihr Vorgesetzter bei Fehlleistungen ärgerlich?

Macht Ihre Führungskraft klare Vorgaben?

Unterstützt Sie Ihr Vorgesetzter bei der Entwicklung Ihrer Fähigkeiten oder Leistungsmöglichkeiten?

Wieweit werden Sie in die Zielsetzung oder Maßnahmenplanung Ihres Vorgesetzten einbezogen?

Überläßt Ihr Vorgesetzter Ihnen diejenigen Arbeiten voll und ganz, die Sie selbständig erledigen können?

Ermutigt er Mitarbeiter, ihre Stärken einzusetzen?

Fördert er den Informationsaustausch zwischen den Mitarbeitern?

## Leistungskriterien

analytisches Denkvermögen
Arbeitseinsatz
Arbeitsqualität
Arbeitsquantität
Arbeitstempo
Argumentationsfähigkeit
Ausdrucksfähigkeit
Belastbarkeit
Coaching-Fähigkeit
Delegationsfähigkeit
Entscheidungsfähigkeit
Entwicklungsfähigkeit
Fachwissen
Flexibilität
Freundlichkeit
Hilfsbereitschaft
Informationsverhalten
Initiative
Innovationsfähigkeit
Kommunikationsbereitschaft
Kommunikationsfähigkeit
Konfliktfähigkeit
Kontaktfähigkeit
Kooperationsfähigkeit
Kreativität
Lernfähigkeit
Motivationsfähigkeit
Mut
Organisationsfähigkeit
Planungsfähigkeit
Problemlösungsverhalten
risikobewußtes Handeln
Sachkenntnis
Selbständigkeit
Sorgfalt
soziales Verhalten
Spontanität
strategisches Handeln
Streßbewältigungsverhalten
systemische Denkfähigkeit
Teamfähigkeit
technisches Verständnis
Transferfähigkeit
Überzeugungskraft
unternehmerische Initiative
Urteilsvermögen
Verantwortungsbereitschaft
Verantwortungsbewußtsein
Verhandlungsgeschick
Vertrauenswürdigkeit
Ziele setzen

# Beispiel für ein kombiniertes Mitarbeiter- und Vorgesetzten-Feedback aus einem Kreditinstitut

## Orientierungsgespräch

zwischen _____ und _____

| \multicolumn{4}{c}{**M 1 Feedback für den Mitarbeiter**} | | | |
|---|---|---|---|
| *1.* | *Anforderungen gemäß Anforderungsprofil und Kenntnisse der Ziele der Bank* | Erfüllungs- grad | Maßnahmen |
| 1.1 | Stellenübergreifende Anforderungen (z. B. Freundlichkeit, Kundenorientierung) | | |
| 1.2 | Funktionsspezifische Anforderungen (z. B. Beratungsfähigkeit) | | |
| 1.3 | Stellenspezifische Anforderungen (z. B. Fähigkeit, mit EDV umzugehen) | | |
| *2.* | *Kenntnisse über Bank-, Markt-, Teilmarkt-, Volumens-, Ertrags- und Vertriebsziele* | | |
| 2.1 | Qualitätsziele (unsere QM-Normen) | | |

| V 1 Rückmeldung für die Führungskraft |||||
|---|---|---|---|
| *1.* | *Funktionsanforderungen (Führungsgrundsätze)* | Erfüllungs-grad | Anmerkungen |
| 1.1 | Der Vorgesetzte begeistert seine Mitarbeiter | | |
| 1.2 | Er gewinnt die Mitarbeiter für die Ziele unserer Bank | | |
| 1.3 | Der Vorgesetzte fördert die Eigenverantwortlichkeit der Mitarbeiter | | |
| 1.4 | Er fördert den Informationsaustausch und führt regelmäßig Gespräche | | |
| 1.5 | Der Vorgesetzte verhält sich den Mitarbeitern gegenüber vorbildlich | | |
| 1.6 | Er sucht und fördert die Leistungsträger | | |
| 1.7 | Der Vorgesetzte schafft Offenheit und Vertrauen im Umgang miteinander | | |
| 1.8 | Er fordert Leistung von seinen Mitarbeitern | | |
| 1.9 | Der Vorgesetzte fördert die Zusammenarbeit und den Zusammenhalt im Team | | |
| 1.10 | Er „schaut über den Tellerrand", entwickelt und pflegt die Zusammenarbeit mit anderen Arbeitsbereichen | | |

| Z 1 Zusammenfassende Wertung | | |
|---|---|---|
| | Mitarbeiter | Vorgesetzter |
| 1. Erfüllungsgrad des Anforderungsprofils/der Führungsgrundsätze | | |
| 2. Besondere Stärken/Verbesserungsmöglichkeiten | | |
| 3. Vereinbarungen/Empfehlungen/ Ziele | | |
| Abgestimmt am ........................ zwischen ............................... und ....................................... | ................ Unterschrift | ................ Unterschrift |


**Beispiel für ein kombiniertes Mitarbeiter- und Vorgesetzten-Feedback aus einer Behörde**
(**Quelle:** *Horst Elsen*)

### Leitfaden

für das Mitarbeitergespräch am ...................

| | Mitarbeiter | Führungskraft |
|---|---|---|
| Name: | | |
| Vorname: | | |
| Funktion: | | |

| A1 | Einschätzung der Leistungen des Mitarbeiters | | | |
|---|---|---|---|---|
| | | durch den Mitarbeiter | durch die Führungskraft | Bemerkungen |
| 1. | *Persönliche Kompetenz* Zuverlässigkeit (Qualität der Arbeitsausführung, Sorgfalt, Einhalten von Vorgaben, Weisungen und Terminen) | – \_\_\_\_ + | – \_\_\_\_ + | |
| | *Einsatz/Initiative* (Verbundenheit mit der Aufgabe (Arbeit), Aufgeschlossenheit für neue Aufgaben, Bereitschaft, Verantwortung zu übernehmen, Bemühen um bestes Arbeitsergebnis) | – \_\_\_\_ + | – \_\_\_\_ + | |
| | *Kreativität* (Entwicklung eigener Ideen für Verbesserungen, Lösungen für Probleme) | – \_\_\_\_ + | – \_\_\_\_ + | |
| | *Flexibilität* (Zurechtfinden in ungewohnten Situationen, Bereitschaft, sinnvolle Neuerungen zu akzeptieren) | – \_\_\_\_ + | – \_\_\_\_ + | |

| A1 | **Einschätzung der Leistungen des Mitarbeiters** (Forts.) | | | |
|---|---|---|---|---|
| | | durch den Mitarbeiter | durch die Führungskraft | Bemerkungen |
| 2. | *Fachliche Kompetenz*<br>Fachkenntnisse (Umfang und Tiefe der Fachkenntnisse, -fertigkeiten, -erfahrungen und ihre Umsetzung) | – _____ + | – _____ + | |
| | *Planung und Organisation der eigenen Arbeit* (Fähigkeit, den Aufbau und Ablauf des eigenen Arbeitsfeldes zu ordnen und zu regeln) | – _____ + | – _____ + | |
| 3. | *Soziale Kompetenz*<br>*Teamfähigkeit* (Fähigkeit sich einzuordnen, Umgang mit Anregungen anderer Gruppenmitglieder, Weitergabe von Informationen) | – _____ + | – _____ + | |
| | *Umgang mit Kunden* (Kontaktvermögen, Sensibilität für andere Menschen, Sicherheit im Auftreten) | – _____ + | – _____ + | |

| A2 | Anerkennung und Erwartungen der Führungskraft für/ an den Mitarbeiter | |
|---|---|---|
| 1. | *Anerkennung* Was macht Ihr Mitarbeiter besonders gut? | Geben Sie **drei** genaue praktische Beispiele: |
| 2. | *Erwartungen* Was macht Ihr Mitarbeiter nicht so gut bzw. auf welchen Gebieten sollte er sich verbessern? | Geben Sie **drei** genaue praktische Beispiele: |

| B1 | Einschätzung des Führungsverhaltens der Führungskraft | | | |
|---|---|---|---|---|
| | | durch den Mitarbeiter | durch die Führungskraft | Bemerkungen |
| 1. | *Glaubwürdigkeit Vorbild sein* (Vermitteln einer positiven Grundeinstellung, mit gutem Beispiel vorangehen, Standfestigkeit) | – _____ + | – _____ + | |
| 2. | *Zielorientiertes Führen* Zielvereinbarung (Der Mitarbeiter weiß, um was es geht; Aufgaben und Ziele werden mit ihm besprochen) | – _____ + | – _____ + | |

| B1 | Einschätzung des Führungsverhaltens (Fortsetzung) | | | |
|---|---|---|---|---|
| | | durch den Mitarbeiter | durch die Führungskraft | Bemerkungen |
| | *Entscheidungsverhalten* (Trifft klare Entscheidungen, kein Abschieben der Verantwortung auf andere, Mitarbeiter hat Freiräume für selbständiges Arbeiten) | – ____ + | – ____ + | |
| | *Fachaufsicht* (Besprechung der Arbeitsfortschritte und Ergebnisse mit dem Mitarbeiter) | – ____ + | – ____ + | |
| 3. | *Kooperativ führen* Information und Kommunikation (Rechtzeitige, umfassende Weitergabe von Informationen, Zeit haben für Mitarbeiter und zuhören können) | – ____ + | – ____ + | |
| | *Anerkennung und Kritik* (Aussprechen von Anerkennung und Kritik, aufgezeigt an bestimmten Einzelleistungen und Verhaltensweisen) | – ____ + | – ____ + | |

| B1 | Einschätzung des Führungsverhaltens (Fortsetzung) | | | |
|---|---|---|---|---|
| | | durch den Mitarbeiter | durch die Führungskraft | Bemerkungen |
| 4. | *Mitarbeiter fördern* Aufzeigen von Entwicklungs- und Verbesserungsmöglichkeiten (z. B. Empfehlung zur Übernahme von Vertretungen, evtl. Umsetzung, um bessere Arbeitsleistungen zu erzielen, Anregung für Bewerbung auf höherwertige Stellen geben) | – \_\_\_\_ + | – \_\_\_\_ + | |
| | *Fortbildungsmaßnahmen* (Rechtzeitige Empfehlung an den Mitarbeiter zur Teilnahme an Fortbildungsmaßnahmen zur Erweiterung der Kenntnisse am Arbeitsplatz oder zur Vorbereitung auf neue Aufgaben) | – \_\_\_\_ + | – \_\_\_\_ + | |

| B2 | Anerkennung und Erwartungen des Mitarbeiters für/ an die Führungskraft ||
|---|---|---|
| 1. | *Anerkennung* Was macht Ihre Führungskraft besonders gut? | Geben Sie **drei** genaue praktische Beispiele: |
| 2. | *Erwartungen* Was macht Ihre Führungskraft nicht so gut bzw. auf welchen Gebieten sollte sie sich verbessern? | Geben Sie **drei** genaue praktische Beispiele: |
| C | **Sonstige Anregungen durch den Mitarbeiter und die Führungskraft** ||
| Mitarbeiter | Führungskraft ||
|  |  ||

. . . . . . . . . . . . . . . . . . . . . . . . . . . . . . . . . . . . . . . . . . . . . .
(Hier abtrennen)

| D1 Vorschläge zur Personalentwicklung | | | |
|---|---|---|---|
| *Fortbildungsmaßnahmen* | *sofort* | *innerhalb eines Jahres* | *Erläuterung der Maßnahme* |
| Einsatz in einem anderen Aufgabengebiet ................. ................. | | | |
| Anreicherung des Aufgabengebietes durch ................. ................. | | | |

| D1 Vorschläge zur Personalentwicklung (Fortsetzung) ||||
|---|---|---|---|
| *Fortbildungs-maßnahmen* | *sofort* | *innerhalb eines Jahres* | *Erläuterung der Maßnahme* |
| Fortbildungs-lehrgang:<br>Thema:<br>..................<br>.................. | | | |
| Führungs-seminare:<br><br>Grundseminar:<br><br>Aufbau-seminar: | | | |

................, den   Mitarbeiter:          Führungskraft:

........................   ........................
Name, Unterschrift   Name, Unterschrift

.............................. Hier abtrennen ..........................
Kopie für beide Gesprächspartner

| D2 | Zielvereinbarungen bis zum nächsten Mitarbeiterge-spräch (max. ... Jahre) |
|---|---|
| (z. B. gemeinsame Festlegung von Zielen, Prioritäten, Verbesse-rung von Verhaltensweisen oder Zusammenarbeit o. ä.) ||
| ........................... .......... ...............................<br>Unterschrift des Mitarbeiters Datum   Unterschrift der Führungskraft ||

# 18. Literaturverzeichnis

| | |
|---|---|
| Bebermeyer, H./ Jäkel, R. | Vorgesetztenbeurteilung in der Öffentlichen Verwaltung. In: Schuler, H. & Schuler, W. (Hrsg.): Psychologie in Wirtschaft und Verwaltung: Praktische Erfahrungen mit organisationspsychologischen Konzepten. Stuttgart 1982 |
| Breisig, T. | Betriebliche Sozialtechniken, Band 2. Neuwied/Frankfurt a. M. 1990 |
| Brinkmann, R. | Personalpflege – Gesundheit, Wohlbefinden und Arbeitszufriedenheit als strategische Größen im Personalmanagement. Heidelberg 1993 |
| Brinkmann, R. | Mitarbeiter-Coaching – Der Vorgesetzte als Coach seiner Mitarbeiter. 2. Aufl. Heidelberg 1997 |
| Brinkmann, R. | Mobbing·Bullying·Bossing. Treibjagd am Arbeitsplatz. Heidelberg 1995 |
| Crisand, E./ Stephan, P. | Personalbeurteilungssysteme. Heidelberg 1994 |
| Domsch, M./ Ladwig, D. | Zielbildungs- und Konzeptionsphase. In: Hofmann, Köhler/Steinhoff (Hrsg.): Vorgesetztenbeurteilung in der Praxis. Weinheim 1995 |
| Dorsch, F. | Psychologisches Wörterbuch. Bern/Stuttgart/Wien 1982 |
| Ebner, H. G./ Krell, G. | Vorgesetztenbeurteilung. Oldenburg 1991 |
| Fecher, G. | Vorgesetztenbeurteilung bei der Robert Bosch GmbH – Unternehmensspezifische Voraussetzungen und Gestaltungsmöglichkeiten. Unveröffentlichte Diplomarbeit, TU Darmstadt 1994 |

| | |
|---|---|
| Fleishman, E. A. | A leader behavior description for industry. In: Stogdill, R.M./Coons, A. E. (Hrsg.): Leader behavior: its description and measurement. Columbus, Ohio, 1957, S. 103–119 |
| Glasl, F. | Konfliktmanagement. Bern 1990 |
| Grabner, G. | Betriebsbefragungen bei der Hamburgische-Elektricitätswerke AG. In: Töpfer, A./Zander, E. (Hrsg.): Mitarbeiter-Befragungen – Ein Handbuch. Frankfurt 1985 |
| Herl, A. | Vorgesetztenbeurteilung als Instrument fortschrittlicher Personalarbeit. Unveröffentlichte Diplomarbeit, Fachhochschule Nürtingen 1995 |
| Imai, M. | Kaizen. Der Schlüssel zum Erfolg der Japaner im Wettbewerb. Frankfurt a. M. 1993 |
| Jeserich, W./ Fennekels, G. | Statistische Überprüfung von Assessment-Center-Verfahren. Schmalenbachs Zeitschrift für betriebswirtschaftliche Forschung 1982 |
| Köhler, F. | Vorbereitungs- und Informationsphase im Unternehmen. In: Hofmann/Köhler/Steinhoff (Hrsg.): Vorgesetztenbeurteilung in der Praxis. Weinheim 1995 |
| Lentz, B. | Noten für ihren Chef. Capital 12/1997 |
| Lienert, G. A. | Testaufbau und Testanalyse. 4., neu ausgestattete Aufl., München 1989 |
| Neuberger, O. | Führung. Stuttgart 1985 |
| Reilly, R. R./ Chao, G. G. | Validity and fairness of some alternative employee selection procedures. Personal Psychology, 1982/35, S. 1–62 |
| Reinecke, P. | Vorgesetztenbeurteilung. Ein Instrument partizipativer Führung und Organisationsentwicklung. Köln 1983 |

| | |
|---|---|
| Rosenstiel, L. von | Grundlagen der Führung. Stuttgart 1993 |
| Rost, J. | Testtheorie – Testkonstruktion. Bern 1996 |
| Shepard, H. A. | Innovation resisting and innovation producing organizations. Journal of Business, 1967/40, S. 470–477 |
| Steinhoff, V. | Vorgesetztenbeurteilung: Grundlagen – Philosophie – Anwendung. In: Hofmann/Köhler/Steinhoff (Hrsg.): Vorgesetztenbeurteilung in der Praxis. Weinheim 1995 |
| Vroom, V. H. | Decision making and the leadership process. Journal of Contemporary Business, 1974 |
| Wagner, R. H. | Strategien der Veränderung. In: Wagner, R. H. (Hrsg.): Praxis der Veränderung in Organisationen. Göttingen 1995 |
| Waters, L. K./ Waters, C. | Peer nominations as predictors of short-term sales performance. Journal of Applied Psychology, 1970/54 |
| Weick, K. E. | Der Prozeß des Organisierens. Frankfurt a. M. 1985 |
| Wunderer, R. | Führung und Zusammenarbeit. Stuttgart 1993 |

# 19. Sachregister

Amtsautorität 47
Anforderungsprofile 47, 134
Anonymität 66, 88
Arbeitnehmervertreter 95, 98
Arbeitsbedingungen 89
Arbeitszufriedenheit 54, 94, 106
Attributionstheorie der Führung 45
Aufgabenorientierung 46, 53
Autonomie 49

Bedürfnisse 46
Beförderung 34, 35, 44
Belohnungsmacht 47
Bestrafungsmacht 47
Betriebsklima 38
Betriebsverfassungsgesetz (BetrVG) 103 ff.
Beurteilung 128
Beurteilungskulturen 179
Beziehungen, soziale 21

Chaos 55
Coach 54, 87
Coaching 89
Compliance 86, 90
Corporate identity 28
Cronbach Alpha 116

Dezentralisation 49
Durchführungsphase 90

Eigenschaftstheorie 42

Entscheidungstheoretische Modelle 43
Entwicklung, technologische 52
Ergebnispräsentation 86
Evaluationsfragebogen 92
Evaluierungsphase 91, 94
Expertenmacht 47

Feedback 17
Fleck, blinder 23 ff.
Fragebogen 82 ff., 119
Fragebogenverfahren 109 ff.
Fragestellungen, offene 119, 166
Fremdbild 62, 126, 136, 140, 151, 161
Führen 41 ff.
Führungsdialog 135
Führungsgrundsätze 31, 32, 37, 61, 75, 110 ff., 156
Führungskompetenz 28
Führungstheorien 42 ff.
FVVB 22 ff.

Gehaltsfindung 34, 116
Gleichgestellten-Feedback 174 ff.
Graphiken 126
Gütekriterien 64

Hawthorne-Studien 20
Human-Relations-Bewegung 21

Information der Beteiligten 79 ff.
Interaktionsforschung 53
Interview 67
Item-Analyse 115
Itempool 115, 181

Kaizen 58, 171
Kommunikation, hierarchiefreie 55
Kommunikationsregeln 144
Kommunikationsverhalten 144
Kosten-Nutzen-Aspekte 93
Kostensenkung 58

Lean Management 59

Macht 47
Machttheoretische Modelle 47
Managementkompetenz 56
Meinungsbildung 82
Merkmalliste 112 ff.
Methoden, alternative 18
Methodenkompetenz 28, 56
Mitarbeiterbeurteilung, summative 68
Mitarbeitergespräch 36
Mitarbeiterorientierung 53, 57, 58
Mitbestimmung 103 ff.
Mitverantwortliche 54
Moderator 49
Motivation 54, 93, 94
Motive 46

Nachfolgeplanung 36
Nutzenerwartung 44

Objektivität 64
Ohio-Studien 22
Organisationsentwicklung 28, 33
Orientierungsgespräch 127 ff.

Personale Kompetenz 59
Personalentwicklung 28, 33, 89
Personalpflege 28
Persönlichkeitseigenschaften 42
Planungsphase 78
Position 46
Potentialeinschätzung 34, 116
Produktevaluation 93
Prozeßdiagnose 32
Prozeßevaluation 92, 93

Qualitätssicherung 38, 171 ff.

Re-Engineering 59
Reifegrad 46
Reifegradtheorie 46
Reliabilität 64, 115, 174
Response set 117
Return-of-Investment 94
Rollenkonflikt 48
Rollenmehrdeutigkeit 48
Rollensender 47
Rollenunsicherheit 48
Rückmeldekarten 171 ff.

Selbstbild 62, 126, 131, 140, 152, 156, 162
Selbststudium 89
Selbstwahrnehmung 24
Selektion 31 ff., 37, 117

Skalierung 117
Soziale Lerntheorie 45
Sozialkompetenz 28, 59, 89
Stärken-Schwächen-Profile 32
Statusdiagnose 32
Stellenbeschreibungen 47
Stimmungsbild 152
Strategieentwicklung 36
Strategien 156
Supervisory Behavior Description Questionnaire 15, 22
Systemisches Denken 52

Tabellen 126
Teamarbeit 55
Teamentwicklung 37
Tiefenpsychologische Modelle 42

Tonbandprotokolle 167
Total Quality Management (TQM) 55
Trennschärfekoeffizient 115

Unternehmenskultur 28, 31, 38
Unternehmensleitbild 28
Unternehmensphilosophie 156

Validität 64, 115, 174
Visionen 156
Vorgesetztenbeurteilung 17

Widerstände 95 ff., 100
Workshop 149 ff.

Zwei-Faktoren-Modell der Führung 53

# Taschenbücher für die Wirtschaft

| | |
|---|---|
| Band 1: | Grüll/Janert, Arbeitsrechtliches Taschenbuch für Vorgesetzte |
| Band 8: | Knebel, Taschenbuch für Personalbeurteilung |
| Band 12: | Bigalke, Taschenbuch für Ausbilder |
| Band 17: | Knebel, Taschenbuch für Bewerberauslese |
| Band 30: | Knebel/Schneider, Die Stellenbeschreibung |
| Band 31: | Knebel/Zander, Arbeitsbewertung und Eingruppierung |
| Band 32: | Reineke/Damm, Signale im Gespräch |
| Band 34: | Knebel/Schneider, Führungsgrundsätze |
| Band 35: | Pohen/Esser, Fehlzeiten senken |
| Band 36: | Hunold, Führungstraining für Meister |
| Band 38: | Leicher, Vom guten zum besseren Geschäftsbrief |
| Band 39: | Hummel/Zander, Betriebswirtschaftliches Know-how für Führungskräfte |
| Band 40: | Knebel/Zander, Kleine Führungspraxis |
| Band 41: | Unger, Marktgerechte Außendienststeuerung |
| Band 42: | Feuerbacher, Fachwissen prägnant vortragen |
| Band 47: | Gleiss, Soll ich Rechtsanwalt werden? |
| Band 49: | Unger, Taschenbuch für Marketing |
| Band 51: | Reineke/Eisele, Taschenbuch der Öffentlichkeitsarbeit |
| Band 52: | Gleiss, Facetten des Anwaltsberufs |
| Band 54: | Leicher, Noch besser telefonieren |
| Band 56: | Hermanni, Das Unternehmen in der Öffentlichkeit |
| Band 57: | Michel, Taschenbuch Investitionscontrolling |
| Band 58: | Michel, Taschenbuch Projektcontrolling |
| Band 59: | Unger/Wolf, Erfolgreiches Anwaltsmarketing |
| Band 60: | Leicher/Kierig, In Reklamationen stecken Chancen |
| Band 61: | Michel, Taschenbuch Strategiecontrolling |
| Band 62: | Lindner, Taschenbuch Pressearbeit |
| Band 63: | Urban, Persönlichkeitsentfaltung |
| Band 64: | Hummel, Controlling |
| Band 65: | Unger/Dögl, Taschenbuch Werbepraxis |
| Band 67: | Brinkmann, Mobbing, Bullying, Bossing – Treibjagd am Arbeitsplatz |
| Band 68: | Hapfelmeier, Abfindungen richtig regeln |
| Band 69: | Brückner/Schormann, Sponsoring-Kompaß |
| Band 70: | v. Hoyningen-Huene, Der psychologische Test im Betrieb |
| Band 71: | Brinkmann, Vorgesetzten-Feedback |

# Sauer-Verlag

## Heidelberg